Katrine Trobisch Stewart

Endlich Raum fürs Leben

Entrümpeln in kleinen Schritten

BRUNNEN
VERLAG GIESSEN · BASEL

Die Bibelverse sind, wenn nicht anders angegeben,
entnommen aus: Hoffnung für alle – Die Bibel,
Brunnen Verlag Gießen und Basel 2002,
© 1986, 1996, 2002 by International Bible Society,
Colorado Springs, USA,
und aus: Lutherbibel 1984, durchgesehene Ausgabe in neuer
Rechtschreibung, © 1999 Deutsche Bibelgesellschaft, Stuttgart

www.brunnen-verlag.de
Umschlagfoto: Getty Images
Umschlaggestaltung: Sabine Schweda
Innenillustration: Nina Chen
Satz: DTP Brunnen
Druck: CPI – Ebner und Spiegel, Ulm
ISBN 978-3-7655-4061-5

Inhalt

Zwischen vielen Kisten – mein Leben als moderne Nomadin

Heute sitze ich zum ersten Mal in meinem neuen Berliner Arbeitszimmer, im Herzen eine tiefe Dankbarkeit. Der große Schreibtisch, den unser Freund Pepe eigens für mich angefertigt hat, ist heil per Seefracht aus Mexiko angekommen. Das edle Holz duftet noch immer nach dem Öl, mit dem ich den Tisch vor dem Verpacken in Tijuana eingerieben habe. Und jetzt erlaube ich mir, einfach zwischen den unausgepackten Kisten und leeren Schränken zu sitzen. So oft im Leben nehmen wir das Aufräumen von Dingen wichtiger als das Aufräumen des eigenen Herzens.

Aber wer aus Gründen der Perfektion nicht mit dem Augenblick zufrieden sein kann, kann nichts Neues schaffen. Das predige ich mir während dieser Tage immer wieder.

Mein Mann ist Diplomat und das bedeutet für uns, alle drei Jahre in ein anderes Land zu ziehen. Nachdem ich deswegen jahrelang gejammert und mich selbst bemitleidet hatte, begann für mich ein neuer Lebensabschnitt, als ich endlich anfing zu fragen: „Was ändert sich eigentlich in dir, Katrine, durch dieses viele Umziehen? Liegt darin vielleicht doch irgendwo ein verborgener Segen?“

Als Erstes erkannte ich staunend, dass ich im Gegensatz zu vielen meiner Bekannten einen guten Überblick und Abstand zu meinem „irdischen Gut“ hatte. Krimskrams, der sich über viele Jahre ansammelt, wenn man immer am selben Standort lebt, hatte bei uns einfach keine Gelegenheit, sich breitzumachen. Mein materieller Besitz nimmt mich keinesfalls so sehr in Anspruch, wie ich es im Leben von „Sesshaften“ oft beobachte.

Und dann sah ich auch, dass ich viel weniger versucht war, mir ständig neue Sachen anzuschaffen, weil das letztlich nur mehr Arbeit und mehr Kisten für den nächsten Umzug bedeutet hätte.

Seit Jahren werde ich zu Vorträgen über das „einfache Leben“ eingeladen. Es war manchmal ein eigenartiges Erlebnis, von einem armen Land, wie etwa Pakistan, nach Deutschland oder in die USA zu fliegen und den Zuhörern zu erzählen, wie sie ihr Haus besser entrümpeln könnten. Was in einer Kultur als großes Problem gilt, kann in der anderen einen großen Reichtum bedeuten. Arme Menschen haben weder viele Sachen noch viel Platz, um sie aufzubewahren. Für sie ist ein einzelner kleiner Besitz wie ein zweiter Kochtopf oder gar eine Porzellanvase ein wertvoller Schatz, der ihr Leben bereichert. Die Überfülle an Besitz ist ein Problem von uns Menschen, die im Wohlstand leben.

Manche von uns ersticken schier in ihren Sachen. Trotzdem fällt es uns schwer, uns von Dingen zu trennen.

Für uns ist das Ja-Sagen zur Beschränkung wahrscheinlich eine lebenslange Übung. Es hat Jahre gedauert, unseren Besitz anzusammeln. Deshalb müssen wir uns auch Zeit und Geduld für eine dauerhafte Lösung lassen.

Was ich auf den nächsten Seiten über das Raumschaffen in Haus und Herz schreibe, erfahre ich persönlich mit jedem Umzug immer wieder neu. Langsam erkenne ich, dass es zuerst darum geht, selbst einen Raum zum freien Atemschöpfen für sich zu finden, bevor ich anderen auf ihrer Suche nach mehr Weite im Leben helfen kann. Es ist unmöglich, aus einem versickerten eigenen Brunnen energiespendendes Wasser für andere zu schöpfen. Die Mutter muss sich immer die Sauerstoffmaske zuerst selbst anlegen, bevor sie ihrem Kind helfen kann. Viele von uns reagieren genau umgekehrt auf Erstickungsnot, und dann wundern wir uns über die unvorhergesehenen Folgen.

In diesem Buch will ich meine Erkenntnisse in Worte fassen, damit auch Sie als Leserin oder Leser Mut und Schwung zu vielen Arten des Entrümpelns finden, eine neue Freiheit erleben und Energie für die Dinge bekommen, die Ihnen eigentlich wichtig sind.

1. Gelassen im Chaos

Damit wir etwas Neues anfangen können, müssen wir uns von manchem Alten verabschieden.

Indem ich den Ballast meines Herzens ausleere, schaffe ich Raum für Neues. Bewusst schenke ich mir Raum zum klaren Denken und Handeln. Das bedeutet vorerst, dass ich einen „Platz für mich“ in meinem eigenen Wohnraum finde: einen Platz, an dem meine Seele Atem schöpfen darf, damit ich Kraft für das äußere Entrümpeln auftanken kann. Oft bewegen wir uns seelisch am meisten, wenn wir uns körperlich gar nicht weiterbewegen.

Ich liebe einen Vers aus der Offenbarung des Johannes: „Der auf dem Thron saß, sprach: Siehe, ich mache alles neu!“ (Offenbarung 21,5). Nach jeder Nacht schenkt uns Gott auch schon in dieser Welt immer wieder einen neuen Tag und damit einen Neubeginn. Nach jedem Irren im dunklen Tal schenkt er uns früher oder später einen neuen, sonnendurchstrahlten Gipfelblick. Für jede(n) von uns gibt es immer wieder die Chance eines Neuanfangs. Gott liebt Anfänge. Er ist ein Spezialist für Anfänge. Der Himmel und Erde geschaffen hat, kann auch in uns immer wieder etwas Neues anfangen, wenn wir ihm nur Spielraum dafür geben.

Aber wie erkenne ich, wovon ich mich verabschieden

soll, um Raum für Neues zu schaffen? Einige Fragen können mich auf die Spur bringen:

- Was tue ich zu viel in meinem Leben? Fernsehen? Essen? Trinken? Putzen? Fitnesstraining? Nörgeln?
- Was tue ich zu wenig? Essen? Fitnesstraining? Schlafen?
- Ist meine Wohnung so voller Dinge, dass ich vieles nicht mehr finden kann?
- Wovon könnte ich mich ohne Weiteres trennen?
- Beanspruchen mich bestimmte Menschen weit mehr, als sie sollten?

Alles, was wir über unseren Körper und unseren Besitz neu in Erfahrung bringen, hat auch Einfluss auf unsere Seele. (Die Worte „Seele“ und „Herz“ verwende ich in diesem Buch identisch.) Wenn wir uns körperlich auf das beschränken, was uns guttut, und uns materiell von unnötigem Ballast befreien, baut das auch unsere Seele auf. In unserem Leben ist keine Erfahrung umsonst. Unser Körper braucht freien Atemraum, Nahrung und Schlaf ebenso sehr, wie unsere Seele Liebe und Schönheit braucht.

Gerne erinnere ich mich an Worte meiner Mutter, Ingrid Trobisch, als meine Jüngste vor Jahren den Inhalt einer mit Papieren vollgestopften Schublade vor uns auf den Boden kippte. „Danke, liebe Margaret. Es war wirklich Zeit, dass ich diese Schublade endlich aufräume“, meinte sie gelassen.

Umzüge, aber auch ein Unfall, der Verlust einer Arbeitsstelle oder der Tod eines geliebten Menschen können uns beim Abschiednehmen von Dingen helfen, die unser Leben unnötig füllen und belasten. Gerade in solchen Krisenzeiten werden unsere Augen aufs Neue geöffnet, und wir erkennen klarer, was uns jetzt wichtig ist und was nicht.

Viele erzählen – ich habe die Erfahrung auch mehrfach gemacht –, dass es die vertrauensvollen, tiefen Beziehungen zu unseren Mitmenschen sind, die während schwieriger Zeiten zur Stütze werden – und nicht etwa die Größe des Hauses oder die Höhe des Bankkontos.

Der Entschluss, bei Hab und Gut energisch zu entrümpeln, hat auch Einfluss auf unseren inneren „Haushalt“. Häufig spüren wir dabei eine Sehnsucht nach innerem Entrümpeln, nach Freiraum für die Seele. Zuerst äußerlich Ordnung und einen „Platz für mich“ zu schaffen, hilft wiederum oft, das Innere anzugehen. In einem „überladenen“ Zimmer oder Herzen kann es einfach nicht viel Frieden, Raum, Spontaneität und Energie geben. Gerade deshalb ist häufig das äußere Entrümpeln mit so viel Lust verbunden.

Viele sehnen sich nach einem einfacheren Leben. Danach, das seelische wie auch das materielle „Gerümpel“ aus ihrem Leben loszuwerden.

Haben Sie Mut! So schwer ist es gar nicht. Es gibt tatsächlich ein Leben mit weniger Sorgen in einem wohltuenden Rhythmus, mit Freiraum zum Atmen und innerem Frieden. Auch wenn wir in einer Welt leben, die diese Freiheit nicht fördert. Mit einer E-Mail bekam mein Mann die folgenden Zeilen, die George Carlin zugeschrieben werden und die ich hier frei übersetzt und gekürzt wiedergebe:

„Wir leben in einer Zeit von schnellem Essen und langsamer Verdauung, großen Menschen und kleinem Charakter, hohem Profit und oberflächlichen Beziehungen. Wir leben in einer Zeit von zwei Einkommen, aber mehr Scheidungen, schöneren Häusern, aber kaputten Familien. Es ist eine Zeit von schnellen Reisen, von Wegwerfwindeln und Wegwerfmoral. Wir leben in einer Zeit von magersüchtigen und übergewichtigen Körpern und von Pillen, die alles können, vom Aufputschen über das Beruhigen bis zum Töten. Es ist eine Zeit, in der viel mehr im Schaufenster ist als dahinter."

Da ist es kein Wunder, wenn uns gelegentlich der Durchblick fehlt und uns Lösungen für drängende Probleme schwerfallen.

In so einer Zeit geht es für uns darum, uns nicht einschüchtern zu lassen, sondern nach einer anderen Quelle zu suchen, die uns Lebensenergie schenkt. Dort können wir einfach ruhig werden und ganz bewusst unser Vertrauen auf einen Gott setzen, der unsere Zukunft mit Liebe in seinen Händen hält. Er kennt unsere Zweifel. Er kennt unsere Sorgen und weiß, wann wir den Mut verlieren. Ihm ist sogar klar, wie viel Zeug wir um uns herum angesammelt haben. Und er versteht auch, dass unser Wille allein für die Bewältigung der Aufgaben nicht ausreicht.

Jeder Neubeginn fängt mit einem Zur-Ruhe-Kommen des Herzens an.

Gib mir ein Herz voll Zuversicht,
erfüllt mit Lieb und Ruhe,
ein weises Herz, das seine Pflicht
erkenn und willig tue.

CHRISTIAN FÜRCHTEGOTT GELLERT

Wenn hier von Ruhe die Rede ist, dann ist es nicht die Art von Ruhe, die wir endlich erfahren, nachdem alles an seinem Platz ist und wir uns erschöpft und ausgelaugt niederlassen können. Im Gegenteil, hier handelt es sich um eine ganz andere Art der Ruhe: Es ist die innere Ruhe des Herzens mitten im Sturm. Es ist die Ruhe des schlafenden Jesus im Boot auf dem tobenden See.

„Kann es so eine Ruhe für mich überhaupt geben?", fragen Sie vielleicht, „wenn mein Teenager jeden Tag ausrastet, wenn unser Keller voll Wasser steht, wenn die vergessene Kerze uns großen Schaden brachte, wenn mein Lebenspartner nach einem Unfall plötzlich im Krankenhaus bleiben muss?“

Diese Ruhe setzt nicht voraus, dass die chaotischen äußeren Umstände unseres Lebens schon geordnet sind. Sonst würde ich ja nicht zwischen Umzugskartons am Schreibtisch sitzen! Die innere Ruhe, auch in solchen Situationen den Augenblick zu genießen, ist natürlich eine Herausforderung, aber sicher keine Überforderung.

Es ist die Ruhe des Herzens, die auf Vertrauen und auf der Zuversicht beruht, dass alles gut wird. Es ist das Vertrauen tief in unserem Inneren, dass Einer unsere noch so verrückten Umstände in seinen Händen hält. Es ist die Zuversicht, dass wir dem Kapitän unseres Lebensschiffs sogar während der Sturmzeiten vertrauen können.

Wie finden wir diese innere Ruhe?

Das erste Geheimnis liegt in unserer eigenen Einstellung zu den Umständen, die uns das Leben beschert hat.

Gut erinnere ich mich an eine energische Rumänin, die sich in Bukarest bei uns um eine Stelle als Haushaltshilfe beworben hatte. Ich war mit dem vierten Kind schwanger, und unsere Älteste hatte gerade ihren fünften Geburtstag gefeiert. Zweimal wöchentlich betrat „Doamna“ am Morgen das Haus und stellte sofort lautstark fest: „Multa traba!“ „Sooo viel Arbeit!“ Diesen Ausruf hörte ich mit großer Regelmäßigkeit während ihrer ganzen Arbeitszeit. Leider mussten wir Doamna bald kündigen, sonst hätte ihre negative Einstellung zur Arbeit auch meine Einstellung vergiftet.

Im Gegensatz dazu taucht in mir eine weitere Erinnerung an das graue und trostlose Rumänien unter Ceaucescu im Jahre 1982 auf. Ich war mit den Kindern im Park, als eine ärmlich aussehende ältere Frau mit riesiger geflickter Einkaufstasche auf mich zukam. „Sind das alles Ihre Kinder?“, fragte sie ungläubig. Als ich nickte, stammelte sie langsam und voller Bewunderung zwei Worte, die sich mir ins Herz eingraviert haben: „Welcher Reichtum!“

Während unsere Seefracht aus Mexiko in vielen Kisten hier im neuen Haus in Berlin „landet“, entscheide ich mich bewusst für die innere Einstellung der zweiten Rumänin. Ich übe mein Herz in staunender Dankbarkeit über den Augenblick und meinen „Reichtum“, der sich noch in den Kisten verbirgt. Gefühle der Frustration und über „multa traba“ lasse ich, so gut es geht, nicht zu. Das heißt am heutigen Tag und in den nächsten Wochen, dass mein Schwerpunkt nicht auf der vielen Arbeit liegt, die mir bevorsteht, sondern auf der Freude über das viele Gute und Schöne, das mir aus den Kisten entgegenkommt.

Auf einmal ist es wie Weihnachten: Eine alte griechische Ikone fällt mir aus dem Packpapier in den Schoß! Darauf ist Jesus dargestellt, der dem sinkenden Petrus unter die Arme greift. Nicht nur erkenne ich Jesus auf dem Bild, der seiner sinkenden und dankbaren Katrine rettend unter die Arme greift; ich denke in diesem Augenblick auch wieder an die Freundschaft meiner orthodoxen Freundin Maria, die mir auf den Bahamas vor Jahren diese Ikone geschenkt hat. Spontan beschließe ich, dass die Ikone in die Nähe meines Schreibtischs gehört. Ich bin sicher, dass sich Maria mit mir an unserem neuen deutschen Zuhause freuen wird, wenn ich ihr davon erzähle. Sie gehört zu den unsichtbaren Freundinnen, die mich über die große Entfernung hin für mein neues Leben in Deutschland begeistert anspornt. Maria ist keine große Brief- oder E-Mail-Schreiberin, aber ich weiß mich mit ihr durch unsere langjährige Freundschaft zutiefst verbunden. Oft höre ich innerlich ihr schallendes Lachen, wenn ich mir ihrer Ansicht nach über etwas zu sehr den Kopf zerbreche.

Mit einem Mal sehe ich mein langes sorgenvolles Gesicht durch ihre Augen und lache auch laut auf. Mitten im Einzug zwischen den vielen Kisten wird meine Seele auf einmal froh, ruhig und dankbar.

Nur die Ruhe ist die Fülle jeder großen Kraft.

FJODOR M. DOSTOJEWSKI

Wie sieht diese Ruhe für Sie aus? Ruhe, und deshalb auch Ordnung, ist unmöglich eine Folge unseres um sich selbst kreisenden, ängstlichen Herzens, das sich Sorgen macht und sich erst entspannt, wenn alles „perfekt“ ist.

Ruhe kommt aus der Dankbarkeit. Dankbarkeit kommt aus der Gewissheit, dass es einen gibt, der alle unsere Sorgen und damit auch unsere innere und äußere Unruhe in seinen Händen hält. Er hat nur unser Bestes im Sinn. „Betrachtet die Raben: Sie säen nicht und ernten nicht, sie haben weder Vorratskammer noch Scheune, und Gott ernährt sie doch. Wie viel mehr wert seid ihr als die Vögel!“ (Lukas 12,24).

Diese Dankbarkeit kommt nicht immer von selbst, aber wir können sie üben. Dabei haben wir Gott auf unserer Seite. Es liegt an uns zu entscheiden, ob wir ihn beim Lernen um Unterstützung bitten. Ganz sicher will er uns Dankbarkeit und Ruhe ans Herz legen.

2. Wenn aus Schätzen Lasten werden

Als neuen Gästen im Benediktinerkloster ihr einfaches Zimmer gezeigt wurde, fügte der Mönch augenzwinkernd hinzu: „Sagen Sie mir bitte, wenn Sie noch etwas brauchen – ich werde Ihnen dann gern zeigen, wie Sie auch ohne auskommen können."

Nach seinen Worten erfahren Gäste oft während ihres Aufenthalts im Kloster, wie viel leichter es sich ohne gewisse Dinge lebt, die sie vorher immer für unentbehrlich hielten. Aus ihrem Alltag herausgetreten, entdecken sie in der Begrenzung des alten und einfachen Zimmers einen neuen, weiten Horizont.

Im zwölften Kapitel des Lukasevangeliums erzählt Jesus die Geschichte eines gierigen Bauern, der immer mehr Scheunen baut, um seine Ernten einlagern zu können. Er stirbt jedoch, bevor er seinen Reichtum überhaupt genießen kann. Dieser arme reiche Mann konnte nie über seinen eigenen Horizont schauen. Die Sorgen um seinen Besitz hielten ihn wie ein klebriges, unsichtbares Spinnennetz fest. Kein anderes Gleichnis in der Bibel ist so voller ichbezogener Wörter: *ich, mir, mich* und *mein*. Das Einzige, was dieser Mann sich nicht vorstellen konnte, war, etwas wegzugeben, weil er es nicht zum Leben brauchte. Er konnte nicht über seine eigene kleine Welt hinaussehen. So wurde er zum Gefangenen seines Besitzes.

Haben Sie ein vollgestopftes Haus? Liegen auf Ihrem Dachboden oder in Ihrem Keller seit Jahren „Schätze“, die Ihnen mehr Last als Freude bereiten? Finden mehr Dinge in Ihre Wohnung hinein als heraus? Wenn ja, dann ist der gesunde Kreislauf Ihres Hauses in Gefahr. Üben Sie sich im Weggeben und Wegwerfen. Nicht alles auf einmal! Jeden Tag ein bisschen – bis es zu einem natürlichen Teil Ihres Lebensstils wird.

Mir hilft immer, mit drei Stapeln zu arbeiten: einen zum Weggeben, den zweiten zum Wegwerfen und den dritten zum Behalten. Übrigens sollen wir auch in dem, was wir an andere weitergeben, Respekt zeigen. Viele, die den Opfern des Hurrikans Katrina helfen wollten, haben einfach ihre Garagen ausgemistet und dann den ganzen Plunder als „Spende“ nach New Orleans geschickt …

Manche neigen zu der Ansicht, dass sie entweder *alles* ausmisten müssten oder *gar nichts* – dass es ein „ganz richtig“ im Leben gäbe und ein „ganz falsch“. Diese Denkweise kann in schlimme Sackgassen führen. Denn das Ergebnis ist Perfektionismus, und der lähmt Sie. Perfektionismus ist ein Dieb, weil er nur mit dem Allerbesten zufrieden ist und alles andere auf der Strecke liegen lässt. Nichts in diesem Leben ist hundertprozentig.

Entlastung für die einen – Geschenk für die anderen

Meine Familie hat oft in armen Ländern gewohnt, wo man für andere nur Sachen vor die Tür zu stellen brauchte, damit diese sich bedienen konnten und ihnen dadurch ein klein wenig geholfen wurde. Das ist wohl eine der besten und effektivsten Arten der Wiederverwertung. Vielleicht sind Sperrmülltage in Deutschland ähnlich, wenn viele am Vorabend durch die Straßen fahren und nach brauchbaren und reparierbaren Gegenständen suchen.

Eine deutsche Freundin schrieb mir: „Ich liebe Sperrmülltage. Endlich entlastet mich jemand! Endlich nimmt mir jemand all das ab, was meine Wege, meine Übersicht versperrt hat. Der festgesetzte Termin gibt mir den nötigen Druck, das Entrümpeln anzugehen."

Als wir in Ciudad Juarez an der amerikanisch-mexikanischen Grenze wohnten, tat sich einer unserer Söhne mit dem Einhalten von Fernsehregeln schwer. Nach mehreren Ermahnungen wanderte der Fernseher vor die Haustür. Innerhalb von Minuten ward er nicht mehr gesehen. Ähnlich erging es unseren hölzernen Langlaufskiern. Dazu muss man sagen, dass Ciudad Juarez in der Chihuahua-Wüste liegt. Mit einem Einsatz beim Abfahrtslauf war also nicht zu rechnen. Vielleicht wurden die Skier als Brennholz verwendet oder als Dachbalken für eine kleine Hütte, wie sie sich die Menschen in den Slums aus Abfallmaterial bauen.

In Mexiko, Rumänien und Pakistan mussten wir sorgfältig aus dem Abfall aussortieren, was anderen Menschen unter Umständen schaden konnte. Ranzig gewordenes Fleisch und abgelaufene Medikamente konnte ich zum Beispiel nur beseitigen, indem ich sie die Toilette hinunterspülte.

Eine US-Studie ergab, dass Entrümpeln unser Wohlbefinden steigert. Mancher freut sich sogar jedes Mal auf den Tag, an dem die Müllabfuhr die Tonnen leert.

Lassen Sie doch demnächst ein gelesenes (und gutes!) Buch auf einer Parkbank liegen, am besten noch mit einem entsprechenden Zettelchen für den nächsten Leser. So einfach ist es, jemand anderen froh zu machen! Die meisten von uns besitzen wahrscheinlich sowieso viel zu viele Bücher, die es sich auf unseren Regalen bequem machen, ohne auch nur für irgendetwas gut zu sein, außer Staub anzusammeln.

Ich denke gern schon beim Lesen eines Buches daran, wem ich es weiterschenken möchte, und mache dann gleich kleine Kommentare für denjenigen auf den Seitenrand. Meine Freundin Nancy aus El Paso in Texas, an der Grenze zu Mexiko, schickt mir auf diese Weise ihre Lieblingslektüre zu, und die Freundschaft zwischen uns bleibt über die gegenseitigen Randbemerkungen trotz der großen Entfernung lebendig.

In unserem Haus hat sich auch fast von allein eine „Wanderbibliothek“ ergeben. Hausgäste lassen gelesene Bücher da und nehmen sich neue mit.

Wir lebten bereits in Ländern, in denen Bücher einen unbezahlbaren Reichtum darstellten. Da wurde es zu einem Gewissensentscheidung, dass wir diese Schätze nicht nur für uns horteten. 1981–83 verschenkten wir daher in Rumänien unsere gesamte christliche Literatur, 1986–88 in Pakistan. Seit Langem versuchen wir, keine neuen Bücher zu kaufen, bis wir das, was im Haus ist, gelesen haben. Eine Ausnahme macht mein Mann nur bei Reiseliteratur.

Ich denke: Bücher gehören in unsere Hände, nicht auf Regale. Wozu gibt es denn wunderbare öffentliche Bibliotheken? Natürlich bin auch ich eine Leseratte und stelle in letzter Zeit erfreut fest, dass immer das richtige neue Buch im richtigen Augenblick erscheint: Meine erwachsenen Töchter reichen gerne ihre Lektüre weiter. Zu besonderen Anlässen kommen neue Bücher als Geschenke ins Haus, und mir bleibt dann die wunderbare Freiheit, sie nach dem Lesen weiterzuschenken. Besonders gute Zitate kommen ins Tagebuch. Und natürlich habe ich auch eine kleine persönliche Buchsammlung, die mir für Arbeit und Seele wichtig ist und die mit uns umzieht.

Wir haben für unsere Sachen ein weiteres, sehr hilfreiches Motto: Wenn wir etwas ein Jahr lang nicht verwendet haben, brauchen wir es nicht. Wenn ich mir etwas Neues zum Anziehen kaufe, nehme ich etwas Altes aus dem Schrank. Das gilt auch für Schuhe!

In letzter Zeit sprießen in den USA überall zu mietende Lagerräume aus dem Boden. Sie bilden schon eine ganze Industrie. Es wird einem nahegelegt, gutes Geld für das Lagern von Dingen auszugeben, für die man zu Hause keinen Platz hat. Wenn wir uns darauf einlassen, handeln wir genauso töricht wie der reiche Mann, der sich kurz vor seinem Tod noch Scheunen baute. Wir bezahlen, um etwas zu besitzen, was wir gar nicht brauchen!

Jesus würde sagen: „Wo euer Geld ist, da ist euer Herz." Vielleicht fehlt unserem Herzen dann die Kraft an anderer Stelle, wo wir sie eigentlich viel mehr bräuchten.

Besser wenig in Gottesfurcht
als reiche Schätze und keine Ruhe.

SPRÜCHE 15,16

Es lohnt sich auch, darüber nachzudenken, wie viel Zeit und Sorgen wir mit der Vorbereitung für unsere „irdische" Zukunft und das Altern verbringen, im Vergleich zum Zeitaufwand für gesunde Beziehungen zu unseren Mitmenschen und zu Gott heute. Was wir nicht alles tun, um Aussehen und Wohnraum zu verbessern (und wenn möglich, das Leben zu verlängern …), ohne darauf zu achten, wie es unserer Seele geht!

Wozu unser Besitz da ist

Unser Besitz ist für das Wohl der Gemeinschaft da, für die Gemeinde und Familie und um den Armen und Kranken zu helfen. Nirgends lese ich in der Bibel, dass unser Reichtum für ein größeres Haus, Auto, Sparkonto oder für Ferienreisen sein soll. Sie sagt deutlich, dass wir unseren Besitz teilen und anderen abgeben sollen: füreinander und miteinander. Von Jesus hören wir etwas anderes als von der Werbung, die uns ständig darauf aufmerksam macht, was uns eigentlich noch fehlt.

Das bedeutet nicht, dass wir uns nicht an Schönem freuen dürften oder auf alles verzichten sollten, was uns Spaß macht. Jesus war bekannt dafür, dass er gerne feierte und dabei gutes Essen und Trinken genoss. Aber er machte sich – anders als der reiche Kornbauer im Gleichnis – nicht zum Gefangenen der Dinge. Er kannte in allem das richtige Maß und lebte aus einer großen Freiheit heraus. Und er belastete sich nicht mit unnötigem Besitz. Menschen waren für ihn immer wichtiger als Dinge.

Seien wir deshalb zurückhaltend beim Kaufen von neuen Gegenständen. Brauchen wir sie wirklich? Oder wollen wir einfach aus Frust etwas Neues kaufen? Oder um nach außen hin einen bestimmten sozialen Status zu beweisen? Diese Fragen stellen sich natürlich nur denjenigen, die verfügbares Geld für solche Einkäufe haben. Allerdings kaufen in den USA auch viele auf Kredit, die weder Geld in der Hand noch auf dem Konto haben. Mir scheint, diese verschuldende Einkaufsweise schleicht sich auch langsam in Deutschland ein und bedeutet früher oder später finanzielle Lasten, die nur schwer wieder loszuwerden sind.

Meine Cousine Becky hat gerade geheiratet. Sie wünschte sich zur Hochzeit von den Freundinnen ihrer Mutter alte Familienschätze. Die Frauen hätten große Auslagen gehabt, um der Braut neue Sachen zu kaufen. Auf diese Weise durften sie ohne Gewissensbisse schöne alte, bestickte Tischdecken, Porzellan, Kerzenständer und vieles mehr weiterschenken. Die Freude auf beiden Seiten war groß.

Wichtig beim Weggeben ist: Wenn wir Sachen weitergeben oder verschenken, sollten wir darauf achten, dass wir es aus der richtigen Motivation heraus tun. Manche Menschen wollen ihr Mitspracherecht über das, was sie verschenken, nicht aufgeben. Der römische Dichter Martial sagt schon: „Geschenke können wie Angelhaken sein." Man gibt, um wieder zurückzubekommen. Oder wir geben vielleicht bewusst oder unbewusst Geschenke, um andere zu manipulieren.

Was hält mich davon ab, Sachen wegzugeben?

Oft höre ich als Antwort: „Ich könnte es ja eines Tages brauchen." „Es könnte eines Tages viel wert sein." „Eines Tages könnte es mir wieder passen." Hüten Sie sich vor den „Eines Tages"-Antworten! „Eines Tages" sind wir alle tot. Es wird mehr darauf ankommen, wie wir unseren Mitmenschen geholfen haben, als wie viele Sachen auf unserem Dachboden stehen.

Natürlich sollten wir daraus kein unmenschliches Gesetz machen. Wir werden noch sehen, wie viel Bedeutung lieb gewonnene Erinnerungen haben können. Eine Freundin schrieb mir: „Was mich abhält, Sachen wegzugeben, sind oft Erinnerungen oder Bilder, die sofort wiederkommen, wenn ich etwas anschaue, was eine Geschichte oder eine Spur in meinem Leben hinterlassen hat. Vor einigen Wochen fand ich im Schrank einige Kinderzeitschriften von mir, fast vierzig Jahre alt. Als ich sie durchblätterte, fielen mir die Geschichten wieder ein – wo ich sie gelesen habe, wie es mir damals ging und vieles andere. Es waren bewegende Augenblicke, und ich habe das sehr genossen. Dann habe ich sie meinen Neffen gegeben zum Spielen und Lesen. Leicht ist mir das nicht gefallen, hier siegte der Verstand über das Herz." So hat meine Freundin zuerst sich und dann ihren Neffen eine große Freude gemacht.

Vielleicht tun Sie sich mit Freunden zusammen und

verkaufen einfach noch gut Erhaltenes auf dem Trödelmarkt. Es macht Spaß, wenn Sie sehen, dass andere Ihre Dinge wertschätzen. Feilschen Sie nicht zu lange – schließlich möchten Sie Ihre Sachen loswerden. Mit dem kleinen Zusatzeinkommen können Sie sich und Ihre Trödelmarktfreunde mit einem schönen gemeinsamen Essen belohnen. Und kaufen Sie ja nichts „Neues" auf dem Trödelmarkt!

Wenn wir eine Erinnerung behalten wollen, könnten wir einfach Fotos von unseren sentimentalen Schätzen machen, wie etwa dem alten, verstaubten Brautkranz, und diese mit persönlichem Kommentar ins Tagebuch einkleben. Da ist der Brautkranz mit all seinen Erinnerungen besser aufgehoben als in der Truhe auf dem Dachboden.

Teresa von Avila dankte Gott freudig für all das, was sie nicht besaß!

Entrümpeln, wenn wir älter werden

Auf einem Pilgerweg durch Sachsen-Anhalt las ich an einer Hauswand in Halberstadt:

Dies ist mein Haus und doch nicht mein.
Der vor mir hier war, dachte auch, es wäre sein.
Er zog dann aus und ich zog ein –
und nach mir wird es genauso sein.

Vor uns haben Menschen gelebt, nach uns werden wieder andere kommen – wir sind Glieder in einer langen Kette. Wenn wir etwas von dem Besitz loslassen, der unser Haus verstopft, werden wir erstaunlicherweise nicht ärmer, sondern reicher. Denn wir schaffen Raum für uns selbst, für neue Begegnungen und für die, die nach uns kommen.

Im Zusammenleben mehrerer Generationen erleben wir allerdings häufiger, dass Alte und Junge unterschiedlich mit ihrem Besitz umgehen. Für die Älteren ist es oft viel schwerer, sich von Dingen zu trennen, auch wenn sie sie wahrscheinlich nie mehr brauchen werden. Eltern und Großeltern, die im Krieg alles verloren haben, stehen ihren irdischen Schätzen anders gegenüber als jüngere Generationen. Zum Teil trifft das auch auf die zu, die in der früheren DDR aufgewachsen sind. Da es dort wenig zu kaufen gab, wurde alles aufgehoben, um es später wieder zu verwenden. Irgendwann würde man froh sein, dass man es hatte. Ein Handtuch war ein Schatz, und Bettwäsche gab es meist nur unter dem Ladentisch, das heißt nur mit Beziehungen. Heute solche geschenkten Schätze wegzugeben, fällt vielen nicht leicht, weil sie wissen, wie viel Strapazen die Schenkenden damals auf sich genommen haben, um diese Dinge zu ergattern.

Meine eigene Mutter wollte immer, dass ich ihr beim Entrümpeln helfe, aber gleichzeitig fiel es ihr sehr schwer, Sachen wegzugeben. Sie war während der „Großen Depression", der großen Wirtschaftskrise, Ende der 1920er-, Anfang der 1930er-Jahre im Mittleren Westen der USA in einer Großfamilie aufgewachsen. Ihre Eltern hatten jeden Penny zehnmal umgedreht, bevor sie ihn ausgaben. Das schmale Einkommen musste für zehn Kinder reichen.

Unsere gemeinsamen Aufräumaktionen im Haushalt meiner Mutter erforderten also von meiner Seite viel Diplomatie. Einfach in eine Sammeltonne werfen konnte Mami viele ihrer Sachen nicht. Dazu war ihr selbst verblichene Kleidung oder gesprungenes Porzellan viel zu kostbar. Schließlich willigte sie ein, mich entscheiden zu lassen, was ich mit den Dingen tat. Am liebsten hätte sie natürlich gehabt, dass ich alles behalten hätte. Stattdessen beförderte ich große Säcke nach Mexiko und teilte dort vieles auf.

Die Erfahrung zeigt: Was ich *nicht* aufhebe und später nicht an meine Erben weitergebe, kann auch ein Geschenk sein. Leider habe ich schon mehrmals miterlebt, was es bedeutet, nach dem Tod eines geliebten Menschen „aufzuräumen". Viele von uns leben, gerade wenn es um Besitz geht, als ob wir diese Welt niemals verlassen würden. Aber unsere Sachen können im Nu durch den Tod für andere zur Last werden.

Ohne zu überlegen, haben wir damit diejenigen, die wir lieben, zum monatelangen Ausmisten von Dachböden und Kellern verurteilt, oder schlimmer noch, sie in Erbschaftsstreitigkeiten verwickelt. Übrigens erzählt Jesus das Gleichnis vom reichen Bauern, als ein Mann aus der Volksmenge ihn bat: „Lehrer, sag doch meinem Bruder, er soll unser Erbe gerecht mit mir teilen“ (Lukas 12,13). Jesus fügt hinzu: „Der Sinn des Lebens besteht nicht darin, dass ein Mensch aufgrund seines großen Vermögens im Überfluss lebt“ (frei übersetzt; Hoffnung für alle: „Wenn jemand auch noch so viel Geld hat, das Leben kann er sich damit nicht kaufen“ Lukas 12,15). Mir kommt es so vor, als rufe er uns diese Worte laut über die Jahrtausende zu!

Nach unserem Tod müssen sich unsere Verwandten Zeit für das Zeug nehmen, dessen Entrümpelung wir zu Lebzeiten vor uns hergeschoben haben – wofür wir selbst keine Zeit oder Lust fanden, weil uns anderes wichtiger war. So gesehen ist es egoistisch, mit dem Entrümpeln zu warten, bis andere es für uns tun müssen. Diese anderen schütten dann oft unter Zeitdruck das Kind mit dem Bade aus ... Es geht kaum anders.

Bei einem Seminar zum Thema Entrümpeln erzählte mir eine Witwe, dass ihr Mann zu Lebzeiten immer versprochen hatte, er würde seine Sachen in der großen Garage ausmisten und aufräumen. Dann starb er plötzlich an einem Herzinfarkt. Sie sagte, dass sie ihm seine vielen leeren Versprechungen diesbezüglich äußerst schwer vergeben könne und dass sie sich jetzt von einem Berg von Arbeit erdrückt fühle. Deshalb war sie auch im Seminar.

Gemeinsam erarbeiteten die Teilnehmer des kleinen Seminars einen Plan, der ihr half, die große Aufgabe in kleinen, überschaubaren Schritten anzugehen. Und wir versuchten in Gespräch und Gebet, ihr Herz von den vielen bitteren Gefühlen zu „ent-lasten".

Auch wenn es schwer ist: Gerade im Älterwerden erweist sich das Entrümpeln und Weggeben als besonders wichtig. Unsere Lieben werden unsere Mühe und Voraussicht später umso mehr zu schätzen wissen.

Was möchte ich für meine Familie und Freunde hinterlassen, die mich überleben?

Meine persönlichen Antworten auf diese Frage lauten so:

- Ich möchte so viel Zeit wie möglich mit den Menschen verbracht haben, die ich liebe, damit sie auch noch nach meinem Tod viele schöne Erinnerungen mit mir und von mir im Herzen tragen. *(Menschen sind wichtiger als Dinge.)*

- Ich möchte schon zu meinen Lebzeiten, „mit warmen Händen", vieles weitergeschenkt haben, was meinen Mitmenschen Freude bereitet, und es nicht erst nach meinem Tod vererben. *(Mit offenen Händen leben.)*

- Für jedes meiner Kinder will ich jetzt schon eine besondere Schachtel vorbereiten, deren persönlicher Inhalt eines Tages für sie zu einem liebevollen Geschenk mütterlicher Vorsorge und Erinnerung werden soll. Diese Idee habe ich von einem Kanadier, der mir erzählte, es sei das schönste Geschenk seiner Mutter gewesen, als nach ihrem Begräbnis er und seine erwachsenen Brüder für jeden Einzelnen eine liebevoll beschriftete und angefüllte Schachtel im großen Schrank fanden. (Darin befanden sich der Mutter gewidmete Kinderzeichnungen, besondere Fotos und alte Briefe, in denen sie einige Zeilen für den betreffenden Sohn unterstrichen hatte, eine kleine Lieblingsvase und eine große Kaffeetasse pro Sohn …)

- Solange ich lebe, will ich die Übersicht über meine Sachen nicht aus den Augen verlieren, damit sich keiner nach meinem Tod damit zu schwertut. *(Wir werden alle sterben.)*

Soweit es mir möglich ist, will ich auch die wertvollen Erinnerungen aus meinen Tagebüchern „ernten“ und in passender Form an andere weitergeben. Meine Mutter widmete uns Kindern vor ihrem Tod noch persönlich einige ihrer Tagebücher. Es war für mich hochinteressant, dass sie während ihrer letzten Lebenswochen noch viel Zeit damit verbrachte, in alten Tagebüchern zu lesen.

Ein Geheimnis beim Entrümpeln und Ordnungmachen ist die Mutter aller Tugenden: *das rechte Maß*.

Zu viel Ordnung hält gefangen und hemmt das Neue, das in uns wachsen will. Kennen Sie das Phänomen, erst alles um sich herum aufräumen zu müssen, bevor Sie überhaupt mit einer produktiven Tätigkeit beginnen können? Zu diesem inneren Zwang kann auch das Ausleeren sämtlicher Papierkörbe in der Wohnung gehören …

Zu wenig Ordnung jedoch beraubt uns des Rahmens, den wir brauchen, um Neues zu schaffen. Finden Sie Ihr eigenes Maß heraus, das Ihnen guttut. Das bewahrt Sie vor Perfektionismus.

Ordnung ist der Raum, den wir für die Schönheit brauchen.

PEARL S. BUCK

3. Informationsflut und Papierstapel

Mit der Informations- und Papierflut, die uns täglich erreicht, überschwemmen wir nicht nur unsere Wohnungen. In den meisten Fällen „infiltriert“ weit mehr Information über Fernsehen und Computer unsere Seele, als wir verarbeiten und verdauen können. Hier ist tägliche Selbstdisziplin nötig, um den Freiraum zu schaffen und zu erhalten, den wir zum Atmen brauchen. Das geht nicht von heute auf morgen, aber es geht!

Wenn Sie beim Anblick Ihrer unerledigten Papierberge auf dem Schreibtisch mutlos werden – denken Sie daran: Der Papierkram hat sich über viele Jahre bei Ihnen eingenistet und wird deshalb auch nicht über Nacht verschwinden, so sehr Sie sich das auch wünschen würden. (Das gilt für allen „Kram“.) Aber wenn wir wie die Schildkröte in Äsops Fabel langsam und bedächtig an diese Arbeit herangehen, lässt sich der Papierberg mit Ausdauer und Geduld besiegen. „Jeden Tag ein bisschen“ ist weitaus besser als alles auf einmal!

Mir hilft die bekannte Regel, dass ich ein Stück Papier nicht öfter als dreimal in die Hand nehme. Es kommt entweder beim ersten Mal gleich in den Papierkorb oder auf den Lesestapel und dann in den Papierkorb. Persönliche Post hebe ich länger auf. Diese kommt zuerst auf meinen Schreibtisch (schöne Karten werden prominent im Haus aufgestellt!); nach einiger Zeit entscheide ich mich dann, was noch im Tagebuch „verewigt“ wird oder in einem liebevollen Bogen in den Papierkorb wandert. Post, die irgendwo in einer Schublade liegt, sammelt nur Staub an.

Übrigens drucke ich mir auch unter denselben Kriterien besondere E-Mails aus, die ich abschnittweise in mein Tagebuch klebe. Das Tagebuch wird so zu einem schönen und übersichtlichen Sammelort für Mitteilungen, die mein Herz berühren. Es bietet auf kreative Weise Gelegenheit, große und kleine Erfahrungen meines Leben in Erinnerung zu behalten. Im Tagebuch kann ich bewusst mein Leben sortieren und das festhalten, was mir wichtig erscheint. Es ist ein Werkzeug, das mir hilft zu leben, statt gelebt zu werden.

Mit leichtem Gepäck wie die Pilger

Vor einiger Zeit saß ich im schönsten Gästezimmer des Klosters Huysburg auf einer bewaldeten Anhöhe bei Halberstadt. So beschrieb es zumindest Bruder Jakobus, als er mich empfing. Die sanften Hügelketten des Harzes erstreckten sich vor meinem Fenster, soweit das Auge reichte. Die frühabendliche Novembersonne leuchtete noch matt auf dem letzten Herbstlaub und strahlte auch in mein warm beheiztes Zimmer herein. Fast verschlug es mir den Atem vor lauter Schönheit und Freude am Alleinsein. Endlich konnte ich einige meiner angestauten Gedanken in Ruhe zu Ende denken.

Denn Gott ist nicht ein Gott der Unordnung, sondern des Friedens.

1. KORINTHER 14,33

Auf den Spuren des alten Jakobswegs, der in Sachsen-Anhalt gerade wieder neu entdeckt wird, war ich in dieses Kloster gelangt. An einem kalten, sonnigen Wintertag pilgerte ich vorwiegend auf Feldwegen sechzehn Kilometer durch eine herrlich friedliche und menschenarme Landschaft. Meine Seele sang, und ich freute mich über die Freiheit des Pilgers, der so vieles zu Hause oder sogar am Wegrand liegen lassen und sinnbildlich ablegen darf. Je leichter der Rucksack, umso einfacher, leichter und genussvoller der Weg.

Mir kam ein Satz vom Pilgersegen in den Sinn, den ich in einer kleinen Kapelle auf dem Jakobsweg in Spanien gefunden hatte: „Gesegnet seist du, Pilger, wenn dein Rucksack immer leerer wird und dein Herz immer erfüllter."

Nur das Nötigste war im Rucksack. Sogar das Handy hatte ich meinem Mann noch im letzten Augenblick gegeben. Eine Wasserflasche, zwei Brötchen, Regenausrüstung, ein Schlafanzug, etwas Kleidung zum Wechseln, frische Socken und Unterwäsche, Zahnbürste, Seife und Hautcreme waren eingepackt. Bargeld und Kreditkarte waren in den Hosentaschen verstaut, ebenso meine Wegbeschreibung und eine Landkarte. Was brauchte ich mehr? Doch dann fiel mir abrupt noch ein Stück meiner Rucksackfracht ein: der Laptop. Ich wollte ja an diesem Manuskript über das „Entrümpeln" schreiben …

Im einfachen Klosterzimmer angekommen, duschte ich mich erst einmal und schlief, wie ein guter Lebenspilger das tut. Dann packte ich den Laptop aus und entdeckte entsetzt, dass ich ja mit diesem Stück moderner Technik die ganze Welt mit in den Rucksack gepackt hatte. Auf dem Desktop erschienen ein Busplan von New Orleans, ein aufgesetzter Brief über die Erfahrungen meines Vaters während der Schlacht von Stalingrad, ein Reisebericht und Fotos unseres einen Sohnes in Jordanien, eine Arbeitsbeschreibung für einen Teilzeitjob an der amerikanischen Botschaft in Berlin! Weg waren meine Ruhe und Pilgergelassenheit!

Wenig sichtbares, kaum greifbares, scheinbar schwereloses Gerümpel gelangt vom Laptop in unsere Gedanken und unser Herz. Es beschwert uns von innen, weil es uns ständig von anderen, wichtigen Lebensaufgaben ablenkt. Scheuklappen waren ursprünglich etwas ganz Positives für Pferde, damit sie nicht abgelenkt oder erschreckt wurden. Auch wir brauchen innere Scheuklappen, wenn es um Sachen geht, mit denen wir uns eigentlich gar nicht weiter zu befassen bräuchten und die uns höchstens von der wesentlichen nächsten Aufgabe ablenken könnten.

Was tragen wir mit uns herum, das uns vom klaren Denken, Schaffen und Lieben abhält? Welch unsichtbares Zeug trübt unsere Sicht?

Es ist möglich, trotz wenig Gepäck ganz viel Ballast mit sich herumzutragen. Wenn wir ein freies Leben anstreben, dann müssen wir erkennen lernen, was wir auf dem Weg ohne schlechtes Gewissen liegen lassen können und was wir von vornherein nicht aufzuheben und zu schleppen brauchen.

Was machen Sie mit der Informationslawine, die Ihnen täglich aus den Medien und dem Internet entgegenkommt? Nehmen Sie sich Zeit für die persönliche Auswahl und Auswertung, oder lassen Sie sich passiv überinformieren? Dann wird Ihre Seele bald vor lauter Internet-, Zeitschriften- und Fernsehgerümpel ganz betäubt sein.

Meine alltägliche (nicht klösterliche!) Computerdisziplin sieht so aus, dass ich nach dem Abendessen versuche, nicht mehr ins Internet zu gehen und auch keine E-Mails mehr zu schreiben. Dort schleicht sich nämlich die ganze Welt auf leisen Sohlen ins Haus und in meinen Schlaf. Auch achte ich auf ein Gleichgewicht (das rechte Maß!) zwischen meiner Zeit vor „virtuell anwesenden“

Menschen am Bildschirm und meiner Zeit mit realen Menschen, zwischen meiner Zeit vor einem Monitor und meiner Zeit unter blauem (oder grauem deutschem) Himmel.

Natürlich ist E-Mail wunderbar. Ich bin sogar der Ansicht, dass Gott es ganz besonders für Missionare und Diplomaten erfunden hat. Über das Internet können wir jetzt sofort unsere persönlichen Wünsche und Gebetsanliegen an andere weiterschicken und innerhalb von Minuten spüren, dass sich durch die Fürbitte von Familie und Freunden ein himmlischer Schutz über uns ausbreitet. Jede Gabe, jedes Geschenk sollte aber weise, im richtigen Maß, gebraucht werden, sonst wird es zur Gefahr.

4. Entrümpeln des Herzens

Mein Mann und ich sind vor einiger Zeit 800 Kilometer auf dem Jakobsweg nach Spanien gepilgert. Eines wurde uns auf dem Weg täglich klarer: Ein Pilger ohne Perspektive ist ein zielloser Wanderer. Wäre die Stadt Santiago nicht mein konkretes Ziel gewesen, so hätte ich den langen und anstrengenden Fußweg niemals geschafft. Wenn wir uns keine Ziele setzen, werden wir auch niemals dort ankommen.

Eine Vision ist die Kunst, Unsichtbares zu sehen.

JONATHAN SWIFT

Manchmal stapeln sich die Dinge so in unserer Wohnung, dass wir die Richtung verlieren. Unordnung und Ziellosigkeit fangen immer in den kleinsten Dingen an. Eine Freundin meinte, schmutziges Geschirr und Wäsche vermehrten sich in ihrer Wohnung genauso schnell wie die Kaninchen …

Ein Weg zum Ziel: der Zettel

Mir helfen Papier und Stift, um im Chaos den Überblick zu bekommen. Am einfachsten ist es für mich, dabei mit dem Herausräumen meines eigenen inneren Gerümpels zu beginnen – möglichst an einem ruhigen und schönen Ort, wo mich nicht allzu viel ablenkt. Mitten in der Überbelastung durch zu viele Pflichten denke ich mich schriftlich ins Reine, kläre, sichte, ordne und plane. Ganz objektiv landet alles vor meinen Augen auf dem Zettel: Bürokram, der zu erledigen ist; ein Telefonat, das ich schon lange vor mir herschiebe; die Bügelwäsche und eine Einkaufsliste. Dieses schriftliche Sortieren hilft mir, aus dem unübersichtlichen Wust eine geordnete Liste zu machen und dann konsequent ans Erledigen zu gehen. Wenn das auch für Sie eine Hilfe ist, werden Sie ganz von selbst die Dinge aufschreiben, die Ihr Leben verstopfen.

Es ist interessant, dass wir im Alltag durchaus Zeit für das finden, was wir gerne tun. Den Rest schieben wir vor uns her: Sachen, die wir tun sollten, zu denen uns aber die nötige Energie und Willenskraft fehlt. Vieles von diesen ungeliebten Dingen wird dann zu „Herzensgerümpel". In uns entsteht ein diffuser Berg von Unerledigtem, von guten Vorsätzen, nicht eingelösten Versprechen, Ärger über Unordnung, schlechtes Gewissen …

Bei mir gehören zum Beispiel Sport und Kochen zu den aufgeschobenen Sachen. Aufräumen und Saubermachen fallen mir leichter. Jeder von uns hat seinen eigenen kleinen oder großen Berg, den er vor sich herschiebt. Über die Jahre habe ich mir angewöhnt, die Sachen an die oberste Stelle meiner Liste zu setzen, zu denen ich in letzter Zeit am wenigsten kam. Das hilft bei der gleichmäßigeren Verteilung meiner Aufgaben. Auch bilde ich mir niemals ein, dass ich alles auf meiner Liste noch am selben Tag erledigen muss. Warum wir uns diesen Kalenderzwang antun, weiß ich nicht.

Dann hilft mir auch die eingestellte kleine Küchenuhr bei Dingen, die ich am liebsten gar nicht erst anpacken würde. Heute war zum Beispiel ein dreißigminütiges Unkrautjäten dran. Die dreißig Minuten hätten genauso gut dem Ausmisten eines Schranks dienen können. Das *ganze* Unkraut im Garten oder *alle* alten Klamotten im Schrank bin ich in dreißig Minuten nicht losgeworden, aber den Mut zum Anfang hab ich zumindest aufgebracht. Und jetzt fühle ich mich sehr wohl.

Entrümpeln hat viel mit Selbstdisziplin und mit kleinen Anfängen zu tun. Allzu oft liegt der schwierigste Schritt einfach im Anfangen. Da bewährt sich der bekannte Ausspruch von Eleonor Roosevelt: „Tu's einfach!"

Oft beginnt der erste Schritt mit einer neuen Sicht der Dinge, einer neuen Wertschätzung für das, was noch zu tun ist. Wenn wir unsere Arbeit wertschätzen und sie auf neue Art „heiligen", stärken wir unser Selbstwertgefühl.

Dabei helfen Beispiele eines anderen oft mehr als viele Worte. Ich erinnere mich an den Leiter eines Studentenwohnheims, der ständig an die Sauberkeit der Toiletten erinnern musste. Es schien ein vergeblicher Kampf. Plötzlich tauchte das Problem von heute auf morgen nicht mehr auf, die Studenten wussten nicht warum. Bis einer von ihnen den Leiter um drei Uhr morgens beim WC-Reinigen „erwischte". Der Leiter musste das leidige Thema nicht wieder ansprechen. Durch sein dienendes Beispiel mehr als durch irgendwelche tägliche Tiraden erreichte er ein neues Verhalten. Er schenkte der Arbeit neuen Wert, indem er sie selber tat.

Nicht unterschätzen sollten wir auch die positive Wirkung von Musik: Die richtige Musik hilft mir bei meinen vielen kleinen täglichen Anfängen.

Musik wäscht den Staub des Alltags von der Seele.

REINHOLD AUERBACH

Musik erhebt und bereichert unseren Alltag. Laut gespielte Oldies aus den Sechzigerjahren machen aus Staubsaugen und Aufräumen plötzlich ein tänzerisches Ereignis! Sogar Papierkram landet in weit geworfenem Bogen lustvoll im Papierkorb. Bachs Goldberg-Variationen inspirieren mich zum Beispiel zu immer neuen Ideen am Schreibtisch.

Das Arbeiten am Manuskript stand heute ganz oben auf meiner Liste – und ich musste mir eingestehen, dass das Schreiben an sich viel Selbstdisziplin erfordert und mir nicht gerade Spaß macht. Was jedoch mein Herz mit Freude erfüllt, ist *geschrieben zu haben.* Das weiß ich jetzt schon, und die Vorfreude auf *die getane Arbeit* spornt mich beim Schreiben an.

Es ist das viele Ungetane, dass unsere Herzen unnötig belastet. Ich liebe den Anfang von Rilkes Gedicht „Der Schwan“:

Diese Mühsal, durch noch Ungetanes
schwer und wie gebunden hinzugehn,
gleicht dem ungeschaffnen Gang des Schwanes ...

Sind wir nicht alle wie ein Schwan, der auf dem Land watschelt? Er ist ein Urbild für irdische Schwere und Ungleichgewicht. Was passiert jedoch, wenn sich der Schwan auf dem See niederlässt?

... in die Wasser, die ihn sanft empfangen
und die sich, wie glücklich und vergangen,
unter ihm zurückziehn, Flut um Flut;

während er, unendlich still und sicher
immer mündiger und königlicher
und gelassener zu ziehn geruht.

RAINER MARIA RILKE, AUS: NEUE GEDICHTE, 1907

Für mich ist die königliche Gelassenheit des Schwans auf dem Wasser eines der schönsten Bilder aus Natur und Literatur, die das gerümpelfreie Leben beschreiben. Rilke gebraucht das erhabene Schweben allerdings als Bild für den Tod. Ich glaube jedoch fest, dass wir diese Gelassenheit mit Gottes Hilfe schon zu Lebzeiten erreichen können.

Bilanz am Ende eines Tages

Außer dem noch Ungetanen, wie Rilke es in seinem Gedicht vom Schwan benennt, wende ich mich auch meinem „Gewissensgerümpel" zu. In der Stille frage ich mich vor dem Einschlafen, wo ich meine Aufgaben als Ehefrau, Mutter, Referentin, Autorin … verfehlt oder vernachlässigt habe. (Setzen Sie an dieser Stelle Ihre eigenen Aufgaben und Rollen ein.) Sehr oft muss ich mir Mangel an Geduld und Egoismus eingestehen. Wo habe ich „aktiv" nicht das getan, was ich hätte tun sollen? Wo habe ich „passiv" meine Pflicht versäumt?

Diese Übung beruht auf der seit alter Zeit geübten

täglichen Gewissensprüfung. Sie schenkt mir nicht nur die Gewissheit von Gottes ständig neuer Gnade und Vergebung in meinem Leben, sondern auch Gewissheit für den morgendlichen Neuanfang und die nächsten Schritte, die vor mir liegen. Das Herz darf sich dann *gelassen* und *befreit* zur Ruhe legen. Am nächsten Morgen ergänze ich meine Liste damit, wie ich meine Reue in die Tat umsetzen will.

Wenn andere über uns bestimmen

Was schleppen Sie mit sich herum, was eigentlich gar nicht *Ihre* Last ist?

- Die Sorgen um Schulaufgaben und Prüfungen der Kinder (große und kleine Kinder müssen lernen, die Konsequenzen ihrer eigenen Faulheit zu „er-tragen“);
- Grobheit, Gehässigkeit oder Neid eines Mitmenschen;
- die Stimme der Mutter, die uns vielleicht jahrzehntelang immer mit denselben Ermahnungen „verfolgt“;
- Sorgen um das Wetter oder den Finanzmarkt und was es sonst noch alles gibt, was außerhalb unserer Kontrolle liegt.

Setzen Sie die Liste nach Belieben fort.

Wir hatten die einmalige Gelegenheit, den rumänischen Christen Richard Wurmbrand kennenzulernen. Mein Mann fragte ihn, was die schlimmste Versuchung für ihn war, als er in Rumänien vierzehn Jahre Einzelhaft für seine Glaubensüberzeugung ertragen musste. Er antwortete: *„Mein größter Feind war meine eigene Einstellung.* Meine Verhörer hatten durch ihre Foltermethoden viel Macht über meinen Körper, aber meine Seele und mein Gemüt konnten sie nur dann verletzen, wenn ich es zuließ." Diese Worte berührten mich damals tief. Seitdem höre ich auch immer die Aussage von Jesus in diesem Zusammenhang: „Fürchtet euch nicht vor denen, die den Leib töten, euch aber sonst nichts tun können" (Lukas 12,4; freie Übersetzung).

Wie oft lassen wir zu, dass andere uns zermürben, uns belästigen, unseren Geist stückchenweise erdrücken? Sogar die Stimme einer Mutter kann uns über Jahrzehnte kleinmachen und auf unserer Seele herumhacken („Erst die Arbeit, dann das Vergnügen", „Aus dir wird nie eine ordentliche Hausfrau", „Deine Schwester hat das immer viel besser gemacht" ...).

Es ist höchste Zeit, diese Art von „Fremd"-Belastung loszuwerden und drastisch damit aufzuräumen. Wir brauchen den falschen Stimmen (wie Wurmbrands Gefängniswärtern) keine Macht mehr über unsere Seele zu geben. Mehr dazu in Kapitel 7 „Die Stimmen im Herzen sortieren".

Was uns mit Freude erfüllt

Viele Ordensgemeinschaften wissen etwas von einem gesunden Lebensrhythmus. Ein Schwerpunkt der benediktinischen Ordensregel liegt auf *dem rechten Maß*: der Unterscheidungsgabe *(discretio)*, die das Zuviel und das Zuwenig meidet und die in allem das rechte Maß sucht. Benedikt nennt sie die Mutter aller Tugenden.

Aus Gründen des rechten Maßes, des Gleichgewichts, ist es wichtig, nicht nur vom Entrümpeln und Ausleeren des Herzens zu sprechen, sondern auch von dem, womit unser Herz bis zum Rand erfüllt sein kann. Fangen wir mit der Freude an! Wussten Sie, dass das Wort „Freude" in der Bibel sogar noch öfter erwähnt wird als das Wort „Liebe"?

Die Freude ist der sicherste Beweis der Gegenwart Gottes.

TEILHARD DE CHARDIN

Und wie viel Freude macht es doch, über die Freude zu schreiben! Vielleicht nehmen Sie sich ein leeres Blatt oder Ihr Tagebuch und zeichnen den Umriss eines großen Herzens. Keine Sorge, es muss kein perfektes Herz sein! Dann versuchen Sie, alles hineinzuschreiben, was Ihnen nur irgendwie Freude macht. Ich fange jedes neue Tagebuch mit dieser Übung an. Und siehe da, der Freudeninhalt meines Herzens füllt in jedem Tagebuch mehr Seiten. Hier sind einige Beispiele aus meinem „aktuellen Herzen“:

- Im Garten Zeit verschwenden (bewusst Muße üben!),
- samstagmorgens im Bett lesen,
- neben meinem Mann in einem Zug sitzen, der durch den deutschen Frühling braust,
- ein heißes Schaumbad bei Kerzenlicht,
- Flieder und Rosen jeder Farbe,
- eine gut abgeschlossene Aufgabe,
- Orgel- und Opernmusik,
- Kaffeeklatsch mit einer Freundin,
- der Sonnenuntergang vor dem Fenster meines Arbeitszimmers,
- Babys,
- Schreibwarenläden,
- kleine Überraschungen …

Wenn Sie das probiert haben, schlagen Sie doch einmal die Psalmen auf und schreiben Sie in Ihrer schönsten Handschrift unter Ihr volles Herz zum Beispiel den vierten Vers von Psalm 37: „Freue dich über den Herrn; er wird dir alles geben, was du dir von Herzen wünschst.“

Ich habe festgestellt: Die meisten Sachen in diesen

„Freuden-Herzen“ kosten gar nicht viel. Und Gott hat mir schon so vieles gegeben, was sich mein Herz wünschte. Ich merke es nur nicht immer. Achtsamkeit wächst aus der dankbaren Wahrnehmung. Plötzlich wird das Vogelzwitschern beim Sonnenaufgang zu einem tiefen Erlebnis.

Sollten Sie wie ich manchmal zu depressiven Stimmungen und negativen Gedanken neigen, dann heften Sie doch dieses Herz an die Innenseite Ihrer Schranktür. Versuchen Sie sich täglich zumindest *eine* Herzensfreude zu gönnen. Gott gönnt sie Ihnen ja auch. Er ist sowohl ein väterlicher wie ein mütterlicher Gott und will das Verlangen unseres Herzens stillen und erfüllen.

Vielleicht suchen Sie sich aus den Psalmen auch selbst einen Vers heraus, der Ihre Freude beflügelt, und hängen ihn dann neben Ihr Freudenherz im Schrank. Mir bedeutet zum Beispiel dieser sehr viel:

Auf den Herrn hofft mein Herz,
und mir ist geholfen.
Nun ist mein Herz fröhlich,
und ich will ihm danken mit meinem Lied.

PSALM 28,7

Es ist ein Paradox: Oft fängt das Entrümpeln unseres Herzens damit an, dass wir Dank und Freude in unser Herz lassen. Und wenn unser Herz erst mit Gutem und Schönem angefüllt ist, dann gibt es für das Unschöne gar nicht mehr viel Platz. Die Bibel rät uns, Gutes, Gerechtes und Aufrichtiges aufzunehmen: „Orientiert euch an dem, was wahrhaftig, gut und gerecht, was redlich und liebenswert ist und einen guten Ruf hat, an dem, was auch bei euren Mitmenschen als Tugend gilt und Lob verdient“ (Philipper 4,8). Das sollten wir während unserer Entrümpelungsarbeit nicht aus den Augen verlieren. Jeder Psychologe und Arzt wird Ihnen bestätigen, dass positives Denken ebenso viel wie gesunde Ernährung und Sport vor Herzinfarkt und niederdrückenden Gedanken schützen kann.

5. Leichtigkeit und Licht

„Die auf Gott sehen, werden strahlen vor Freude, und ihr Angesicht soll nicht schamrot werden“ (Psalm 34,6).

Welche Dinge verdunkeln unseren Blick, lassen uns erröten, verlangsamen unseren seelischen Kreislauf? Mir fallen da zuallererst unsere Sorgen ein, unsere negativen Gefühle und unser belastender Besitz.

Einer altägyptischen Legende zufolge wird nach dem Tod das Herz gewogen. Auf der anderen Schale liegt eine Feder. Stellt sich heraus, dass das Herz leichter als die Feder ist, so tritt der Verstorbene durch ein Tor in die nächste Welt ein. Ist jedoch das Herz schwerer, so wird es sofort von einem wolfartigen Biest verschlungen.

Auch heute noch versteht jeder, was es bedeutet, „schweren Herzens“ zu sein.

Womit machen wir unser Herz schwer?

- Mit unnötigen Sorgen,
- ungesunder Zuneigung,
- unbändigem Ehrgeiz,
- unangenehmen oder peinlichen Erinnerungen,
- unnötiger oder übertriebener Angst,
- Schuld

und vielem mehr.

Sorgen

Sehr oft sind es Sorgen um Menschen, die uns das Herz schwer machen. Es ist, als ob sich einzelne Menschen oder Gefühle unseres Herzens „be-mächtigen“. Wir kommen von bestimmten Gedanken und Gefühlen nicht los, sind nicht mehr frei in unseren Entscheidungen, fühlen uns niedergeschlagen ... Mütter kennen das: Die Sorgen um ein Kind, das möglicherweise die falschen Freunde gefunden hat, kreisen Tag und Nacht durch den Kopf und machen das Herz schwer.

Sicher gibt es auch berechtigte Sorgen und Angst, aber ich meine hier Gefühle, die uns lähmen und uns in einer inneren Sorgenpfütze wühlen lassen. Es hilft vielen, die Gefühle aufs Papier zu bringen oder mit jemandem darüber zu sprechen, der eine weitsichtigere Perspektive zur Situation hat. (Das sind oft ältere Menschen.)

Wir können uns klarmachen, dass unsere Sorgen allein ja nichts an der Situation ändern. Für mich ist das der ausschlaggebende Grund, dass ich still meine Sorgen an einen allgegenwärtigen Gott übergebe, der viel mehr Macht hat, etwas zu ändern, als ich.

Auch ungesunde Beziehungen können uns in Zerrissenheit, ja sogar in Depression und Sünde stürzen. Bald ist das Herz so schwer, dass wir es fast nicht mehr „ertragen" können. Wir fühlen uns gelähmt und entwickeln kaum Initiative.

In diesem Fall gilt es, schnellstens Licht ins Herz zu bringen. Gespräche mit einer Vertrauensperson können dabei helfen, was unter den altmodischen Begriff „Beichte" fällt. Für ein radikales Loswerden von Ungutem oder Krankmachendem brauchen Sie vielleicht die Hilfe eines Beraters, um einen Neuanfang zu schaffen. Auf jeden Fall muss dem Herzen schnell neuer Sauerstoff zugeführt werden. Eine tief greifende „Behandlung" ist erforderlich, damit es wieder unbeschwert atmen kann. Scheuen Sie sich nicht, um Hilfe zu bitten, auch wenn das Geschwür nur im eigenen Herzen und Gewissen rumort und für die anderen unsichtbar ist. Gerade darin liegt die Gefahr.

Gott sagt: Ich urteile nach anderen Maßstäben
als die Menschen.
Für die Menschen ist es wichtig, was sie mit den Augen
wahrnehmen können;
ich dagegen schaue jedem Menschen ins Herz.

1. SAMUEL 16,7

Saint-Exupéry sagt das im „Kleinen Prinzen" so:

**Man sieht nur mit dem Herzen gut.
Das Wesentliche ist für die Augen unsichtbar.**

Häufig sind die Gefühle und Gedanken, die uns besetzen, weniger dramatisch. Und doch fühlen wir uns innerlich unfrei und unruhig. Ein Bild hat mir dann schon oft geholfen: Ich stelle mir meine Gefühle wie die Waggons eines langen Zuges vor. Die Gefühle sind einfach da und gehören zu mir. Sie sind weder positiv noch negativ. Gefährlich können sie nur werden, wenn ich eines der Gefühle in die Lok setze und mich von ihm steuern lasse. Stattdessen setze ich jetzt ganz bewusst meinen Willen, insbesondere meinen Willen zum Gehorsam gegenüber Gottes Geboten, in die Lokomotive meines Lebenszuges. Dann ist es den Gefühlen nicht mehr möglich, mit mir durchzubrennen und mich in herzensschwere Situationen zu verwickeln!

Lassen Sie mich dazu ein recht persönliches Beispiel anführen: In den ersten fünfzehn Jahren unserer mittlerweile über dreißigjährigen Ehe verliebte ich mich zweimal in einen Mann, der nicht „mein" Mann war. Ich wollte aber meinem Trauversprechen treu bleiben, auch wenn sich alles in mir dagegen aufbäumte. Ganz bewusst und auf schmerzhafte Weise lernte ich, meine Gefühle meinem Willen unterzuordnen. Mit neuen Augen las ich Verse in den Psalmen, die denjenigen loben, der seine Versprechen hält. Und was wäre mein eigenes Treueversprechen denn überhaupt wert, wenn ich es nicht hielt? Heute kann ich kaum in Worte fassen, wie groß meine Dankbarkeit ist, dass meine Gefühle damals nicht mit mir durchgebrannt sind!

Unsere Versprechen zeigen manchmal laut und deutlich, wo wir mit dem Entrümpeln des Herzens beginnen müssen.

Achtsamkeit

Ein leichtes, helles Herz bedeutet auch ein stilles Herz. Vor Jahren sagte unser damals fünfzehnjähriger Sohn voller Frustration zu mir: „Mami, du hörst mir ja gar nicht zu und du weißt auch schon, was du mir antworten wirst!" Das wurde für mich zu einem Aha-Erlebnis. Natürlich hatte er recht. Mein Herz war so voller Stimmen und Vorurteile, dass ich die Worte unseres Sohnes gar nicht mehr hörte. Mit Bestürzung wurde mir auch deutlich, dass ich ganz ähnlich auf die Stimme Gottes hörte, nämlich voreingenommen und voll von meinen eigenen, lauten Bedingungen. Kein Wunder, dass Gott da für mich ganz leise war.

Licht wiegt nichts. Licht kann nie Gerümpel sein. Stille macht leer und bringt Licht.

Ein Satz, den meine Lieblingstante Eunice oft zitierte, als ich ein Kind war, kommt mir immer wieder in den Sinn: „Wir haben zwei Ohren und einen Mund. Das heißt, dass wir zweimal so viel zuhören sollten wie sprechen."

Ich habe viele Jahre gebraucht, bis ich langsam gelernt habe, stiller zu sein, mit den Ohren des Herzens zu hören und mich bedingungslos auf das große Abenteuer einzulassen, das Gott mit mir und meinem Leben vorhat. Seitdem wird mein Freiraum zum Leben spürbar weiter.

Wo und wann kann ich in meinem Alltag am besten still sein und auf die Stimme Gottes hören?

- In der Badewanne,
- im Auto oder Zug auf dem Weg zur Arbeit,
- beim Geschirrabwaschen,
- beim Blumengießen und Jäten,
- während meiner Mittagspause, wenn ich weder zu Hause noch im Büro bin,
- beim Spazierengehen,
- beim Laufen oder Radfahren,
- bei einer Tasse Tee, bevor die anderen im Haus aufstehen,
- vor dem Einschlafen.

Einstein sprach von den drei Bs, die für ihn stets Orte der Inspiration waren: Bett, Bus und Bad. Überlegen Sie sich, welche alltäglichen Orte für Sie besondere Orte der Stille und Inspiration sind.

Es ist ein köstlich Ding, dass das Herz fest werde, welches geschieht durch Gnade.

HEBRÄER 13,9

Ein reines, ungeteiltes und leichtes Herz ist letzten Endes ein Geschenk. Wir können unser Herz nicht selber waschen. Aber durch einfaches Vertrauen übergeben wir es der reinen und reinigenden Kraft von Jesus. Darin liegen der Friede und die Ruhe mitten im Stress. Wenn jemand denkt: Bei mir ist es nicht so weither mit dem reinen Herzen – dann kann er es einfach als Geschenk von Gott annehmen.

Ein reines Herz ist ein geheiltes Herz. Das heißt natürlich nicht, dass unser Herz nie verletzt worden ist. Es ist jedoch mit viel Liebe und Vergebung geheilt worden. Da wird uns dann ganz leicht und frei ums Herz.

6. Hektik und Sorgen verabschieden

Einmal sah ich einem Mönch zu, während er im Gemeinschaftsraum mit der Hand einen Brief schrieb. Als die Glocke zum Gebet läutete, setzte er mitten im Wort den Stift ab, stand ruhig auf und ging ohne Hast auf die Kapelle zu.

Diese kleine Geste löste in mir geradezu eine Lawine der Erkenntnis aus. Naturgemäß hätte ich in derselben Situation zumindest noch schnell, schnell den Satz und womöglich sogar den Brief fertig geschrieben und wäre dann eilig zur Kapelle gelaufen, um noch rechtzeitig zu erscheinen. Der Mönch kam gesammelt und innerlich vorbereitet im Haus Gottes an. Ich hingegen hätte in Gedanken noch lange gebraucht, um auch innerlich dort anwesend zu sein.

Jeder Augenblick ist ein Geschenk. Dies immer wieder wach und aufmerksam wahrzunehmen, bewahrt uns vor leerer Hektik.

Gerade Amerikaner leben oft in einer zukunftsbetonten Kultur. Man hebt die Flasche Sekt jahrelang im Kühlschrank auf, damit sie für den richtigen Moment zum Feiern vorhanden ist. Aber der Moment kommt nicht. Man wartet ja immer noch auf den nächsten besseren Job, auf das nächste edlere Auto, auf das nächste größere Haus und auf den idealeren Partner …

Die USA sind noch ein junges Land, und geschichtlich gesehen ist es dort bisher hauptsächlich bergauf gegangen. Deshalb verliert die Gegenwart an Genusswert. Das ist in Europa etwas anders: Ja, die Zukunft könnte besser sein – sie könnte aber auch viel schlechter sein! Da wird der Augenblick beim Schopf gepackt und ausgekostet. Freunde sitzen bis in die frühen Morgenstunden zusammen und genießen die Gemeinsamkeit. Von Eile oder Müdigkeit spricht keiner.

Trotz allem werden auch viele Europäer von der Hektik des modernen Lebens gesteuert. Es ist nur noch nicht ganz so schlimm wie auf der anderen Seite des großen Teiches.

Aus der Hektik kommt nichts Gutes:

- Wir tun unsere Arbeit schlampig oder nur halb, weil wir im Geiste schon bei der nächsten Aufgabe sind.
- Die Freude an der Arbeit geht uns verloren.
- Wir haben keine Zeit für Unterbrechungen. Jesus sucht häufig gerade in unerwarteten Unterbrechungen unsere Aufmerksamkeit! Mütter mögen da an die „Unterbrechungen“ durch ihre Kinder denken. – Im unerwarteten Gast oder Anruf steckt oft viel mehr der Wille Gottes für uns als im selbst zurechtgelegten engen Zeitplan. Dann rede ich mir mitten im Alltagsstress zu: Mein Mitmensch ist jetzt wichtiger als das Ding auf meiner Liste, wofür ich mich beeile.

Ablenkung und Spontaneität können durchaus in Gottes Willen für uns liegen.

- In der Hektik verletzen wir uns und tun auch anderen weh. Eile führt zu Unfällen. Sie tut unserer Seele nicht gut. Meine Mutter zitierte gern ein afrikanisches Sprichwort: „Eine Frau eilt nicht."
- In der Hektik sagen wir Dinge, die uns später leidtun.
- In der Eile häuft sich in unserem Herzen immer mehr Gerümpel statt weniger an. Wir sind nicht mehr in der Lage, klar zu denken.
- In der Hektik erkennen wir selten das einzigartige Geschenk des Augenblicks.

Ein Hauptgrundsatz für mich lautet: *Menschen sind wichtiger als Projekte.* Dazu gehört: *Andere Menschen brauchen unsere Zeit.*

Es geht darum, gelassen die hetzenden Räder des Alltags zu verlangsamen. Mit einer Tasse Tee auf dem Balkon versuche ich manchmal ganz bewusst, eine Pause der Achtsamkeit einzulegen. Alles soll in Ruhe und in der Gegenwart Gottes getan werden – in Liebe und Aufmerksamkeit für den Mitmenschen.

Eine andere Möglichkeit, die ich für mich gefunden habe, sieht so aus: Wenn ich ein Kleidungsstück bügele, versuche ich für den zu beten, dem es gehört.

Auf dem Jakobsweg in Spanien fand ich in einer kleinen

Kapelle am Wegrand einige Segenssprüche auf Spanisch, die für mich zu einem großen Geschenk des Augenblicks wurden. Einen davon habe ich so übersetzt:

Gesegnet seist du, Pilger,
wenn du dir selber auf dem Weg begegnest
und dir ein Geschenk von *Zeit ohne Hast* machst,
sodass das Bildnis deiner Seele nicht getrübt wird.

Zur Selbsterkenntnis brauchen wir Stille und Langsamkeit. Nur dann können wir wirklich erkennen, was in uns Unruhe stiftet und wo wir mit dem Entrümpeln beginnen sollen und dürfen. Genau das ist es, worum es hier geht: Eile trübt das Bildnis unserer Seele. Hektik bedrängt das Herz, anstatt es zu befreien. Eile nimmt uns den Raum zum Atmen. Mögen wir bewusster und langsamer leben, damit unser Herz nicht der Hektik zum Opfer fällt.

Wenn ich mich hetze, distanziere ich mich von mir selbst, von meinem Nächsten und von Gott.

Mir fiel eine Version des 23. Psalms in die Hände, die mich tief berührte:

Der Herr gibt mir für meine Arbeit das Tempo an.
Ich brauche nicht zu hetzen.
Es gibt immer wieder einen Augenblick der Stille,
eine Atempause, in der ich zu mir komme.
Er stellt mir Bilder vor die Seele,
die mich sammeln und mir Gelassenheit geben.
Oft lässt er mir mühelos etwas gelingen,
und es überrascht mich selbst,
wie zuversichtlich ich sein kann.
Ich merke: Wenn man sich diesem Herrn anvertraut,
bleibt das Herz ruhig.
Obwohl ich viel zu viel Arbeit habe,
brauche ich doch den Frieden nicht zu verlieren.
Er ist in jeder Stunde da und in allen Dingen,
und so verliert alles andere sein bedrohliches Gesicht.
Oft – mitten im Gedränge – gibt er mir ein Erlebnis,
das mir Mut macht.
Das ist, als ob mir einer eine Erfrischung reichte,
und dann ist der Friede da und eine tiefe Geborgenheit.
Ich spüre, wie meine Kraft dabei wächst,
wie ich ausgeglichen werde
und mir mein Tagewerk gelingt.
Darüber hinaus ist es einfach schön zu wissen,
dass ich meinem Herrn auf der Spur bin
und dass ich jetzt und immer bei ihm zu Hause bin.

Toki Miyaschina

Hetze und Sorgen hängen oft zusammen. Sorgen gehören jedoch zum inneren Gerümpel, von dem wir uns trennen sollten. Sorgen können unseren seelischen Kreislauf überlasten.

Es gibt allerdings Menschen, die Sorgen geradezu lieben. Sie machen sich überaus gerne Sorgen. Außerdem stülpen sie dieselben „liebevollerweise" anderen über und glauben auch noch, es damit gut zu meinen. Diesen Menschen würde etwas fehlen, wenn sie sich um andere keine Sorgen machen könnten. Aber auch diese Art von Sorgen ist nicht gut für unsere seelische Gesundheit.

Neulich las ich einen guten Rat für das „Sorgenmachen" in einer Zeitschrift: Wenn man dazu neige, dann solle man sich um eine gewisse Uhrzeit täglich etwa dreißig Minuten zum Sorgenmachen freihalten! Zu allen anderen Zeiten räume man diszipliniert die Sorgen aus dem Herzen aus.

Man kann sich auch durch einfache, praktische Arbeit bewusst von Sorgen ablenken.

Im Neuen Testament wird uns oft zugeredet, dass wir uns keine Sorgen machen sollen, zum Beispiel: „Alle eure Sorge werft auf ihn; denn er sorgt für euch" (1. Petrus 5,7). Unsere anhaltenden Sorgen schicken Gott ein Signal, dass er nicht groß genug ist, um sich um diese Sache zu kümmern.

Die Sorge setzt ein Fragezeichen dahin, wo Gott bereits einen Punkt gemacht hat. Dankbares Gebet und

Sorge sind im Leben von Christen ganz entgegengesetzte Energien. Aus dem Dank heraus zu leben, beugt vielen Sorgen vor und schenkt uns Freiraum.

Eine gute Übung könnte hier sein, sich seine Sorgen aufzuschreiben, sie dann im Gebet auf Gott zu „werfen", sie ihm also symbolisch mit dem Zettel zu übergeben und den Zettel anschließend zu zerreißen. Manche haben eine Karte mit einem Kreuz auf ihrem Schreibtisch. Sie können ihren Sorgenzettel also bildlich vor dem Kreuz ablegen.

Ich lege meine Sorgen gern im Geiste Christus in den Schoß. Gelegentlich muss ich mich dann dazu ermahnen, sie später nicht wieder mitzunehmen.

Auch können wir Gott und unsere Mitmenschen ganz konkret um Weisheit für das Lösen unserer Sorgen-Probleme bitten. Viele Menschen brauchen lange, bis sie eine Sorge vor einer Vertrauensperson aussprechen oder im Gebet vor Gott bringen. Solche kurzen Gebete können überraschend viel bewirken. Denn sie öffnen eine Tür für Gott, sodass er an die Sache herankommt, die uns bedrückt. Und sie öffnen eine Tür für uns: Wir sind nicht mehr allein im Raum mit unseren Sorgen.

Oft ändert sich eine Situation, die uns Sorgen macht, auch schneller als erhofft. Wir müssen deshalb nicht immer gleich das Schlimmste annehmen. Der ehemalige Präsident Reagan erzählte gerne eine Anekdote, wenn sich zu viele Krisen an seinem Konferenztisch häuften:

„Die Eltern zweier kleiner Jungen waren beunruhigt. Ein Sohn hatte sich völlig pessimistisch auf das Leben eingestellt, und der andere war das genaue Gegenteil. Die Eltern zogen einen Psychologen zurate. Dieser bereitete für den pessimistischen kleinen Jungen einen Raum voller neuer Spielsachen vor. Doch der Junge rührte kein einziges Spielzeug an, weil er Angst hatte, etwas kaputt zu machen.

Für den anderen Sohn wurde ein Raum mit einem großen Misthaufen gefüllt. Der optimistische Junge stürzte sich darauf und fing gleich mit den Händen an zu graben. Auf die erstaunte Frage des Psychologen, warum er das mache, antwortete er hoffnungsvoll: ‚Bei so viel Mist muss doch irgendwo ein Pony vergraben sein!'" Reagan wiederholte diesen Satz dann laut vor seinem Mitarbeiterstab: „Bei so viel Mist muss doch irgendwo ein Pony vergraben sein!"

Sorgen zählen eindeutig zum häufigsten Gerümpel im Herzen. Aber sie können relativ einfach mit etwas Gelassenheit, viel Humor und Dankbarkeit entfernt werden. Sorgen sind unnötiger Ballast im Pilgerrucksack des Lebens.

7. Die Stimmen im Herzen sortieren

Viele Menschen haben Angst vor dem, was andere über sie denken. Es ist eine Angst, die wir uns nicht gerne eingestehen, aber gerade unter Christen ist sie weitverbreitet. Das Wort „Angst" ist eng mit „Angina" verbunden, das bedeutet „Enge". Angst schnürt unsere Herzen zu.

Als ich vor Angst gelähmt nicht mehr weiterwusste,
hast du mir den rettenden Ausweg gezeigt.
So hilf mir auch jetzt und höre mein Gebet.

PSALM 4,2

Gibt es Stimmen von Menschen, die in meinem Herzen ein angstvolles Stocken verursachen oder die mich sofort in den engen Raum der Selbstverteidigung hineindrängen?

„Katrine, warum hast du kein Mineralwasser gekauft?"

„Mama, sind meine Jeans denn immer noch nicht gewaschen?"

„Frau Stewart, warum haben Sie denn schon wieder …?"

„Haben Sie denn nicht gewusst, dass der Plastikmüll …?“ (Diese Stimme wurde seit unserem Umzug nach Deutschland oft sehr laut.)

Und das sind noch milde Stimmen! Wir hören in den lauten Stimmen unserer Mitmenschen unterschwellige Vorwürfe und nehmen sie viel mehr „zu Herzen“ als die leise Stimme Gottes, die uns sagt: „Hab keine Angst. Ich bin bei dir. Ich hab dich lieb. Ich weiß schon, dass du alles so gut gemacht hast, wie du konntest. Ich sehe dein Herz.“ Wie können wir unter den Stimmen des Herzens ein Gleichgewicht schaffen? Wie können wir uns auf Gottes Stimme einstellen?

Das Aussortieren von Stimmen braucht konsequentes Training des Herzens, das ich immer noch mühsam lerne. Gerade die Stimmen von Menschen, die mir nahestehen, scheinen viel Macht über meine Gefühlswelt zu haben. Ich muss mir immer wieder sagen, dass es an mir liegt, ihnen diese Macht zuzugestehen oder auch nicht. Warum sollte der am Morgen gedankenlos geäußerte Satz meines Arbeitskollegen mich für den ganzen Tag in ein Gefühlstief stürzen?

Welche Stimmen der Eltern hören wir weiterhin durch unser Leben hallen? Ich muss gestehen, dass mein 1979 verstorbener Vater mir immer noch so manches Mal beschwichtigend auf die Schulter klopft und zuflüstert: „Leiden ist gut, Katrine. Es macht dich stark.“ Wie ein geduldiger Esel ließ ich mir über viele Jahre Leid zufügen, weil es mich ja stark machte und Gott das so wollte ... Es dauerte viel zu lange, bis ich wagte, Vaters These infrage zu stellen.

Wie würde sich Jesus zu diesen Stimmen äußern? Bei mir hatte die Stimme des Vaters oft riesiges Gewicht, weil er auch Pastor war und ich seine persönliche Stimme lange Jahre nur schwer von der Stimme Gottes trennen konnte.

Die Stimmen der Eltern klingen ein Leben lang in uns nach. Es kann besonders schwierig sein, diesen Stimmen nur den Wert beizumessen, den sie in Gottes Augen haben und nicht mehr – vor allem, wenn Stimme und Leben nicht miteinander übereinstimmen. Ein Beispiel hierzu wäre der Evangelist, der ständig über moralische Themen predigt und dann selbst beim Stehlen ertappt wird.

Wenn ich vor Gruppen stehe, sage ich gerne, dass es viel, viel einfacher ist, vom Podium her etwas zu verkünden, als es dann auch im Alltag umzusetzen. „Walk the talk" (Tu, wovon du redest), heißt es im Englischen kurz und bündig. Integrität ist das, was wir sind, wenn niemand hinschaut, und es hat manchmal nicht viel mit dem zu tun, was wir sagen, wenn die Aufmerksamkeit aller auf uns gerichtet ist.

Andererseits haben manche Menschen wirkungsvolle Techniken entwickelt, um die eigene Stimme nicht zu hören oder bewusst zu verdrängen. Das kann der Fernseher sein oder das laute Kaffeehaus. Einige reden auch gern laut und viel wie ein sprudelnder Bach, um (vielleicht ganz unbewusst) die eigene Stimme zu verdrängen. Damit engen wir aber auch unseren Raum zum Leben ein.

Es geht darum, im Stimmengewirr unseres Herzens Ordnung zu schaffen und vor allem zur eigenen, gottgeschenkten und authentischen Stimme durchzudringen. Für diese Art von innerer Entrümpelungsarbeit kann ein Tagebuch besonders nützlich sein. Hier, wo es keiner liest und hört, können wir ausprobieren, wie unsere innere Stimme wirklich klingt, indem wir versuchen, Worte dafür zu finden.

Die Stimme meiner Mutter war zu Lebzeiten meines Vaters relativ schwach und ohne viel Selbstbewusstsein. Erst nach seinem frühen Tod fand sie über den schweren Weg von Trauer und Einsamkeit zu ihrer eigenen Stimme. Ich sage meinem Mann jetzt gerne, gerade wenn es um Meinungsverschiedenheiten geht: „Ich möchte noch während unserer Ehe die Frau sein, die ich auch ohne dich wäre!“ Natürlich erfordert das Eheleben sowohl ständige Anpassung wie auch Veränderung, aber es geht darum, die gottgewollte und nicht die partnergewollte Stimme zu finden.

Gerade wir Frauen sollten uns gegenseitig Mut machen, dass wir nicht zu allem Ja zu sagen brauchen, können, dürfen, müssen. Jedes Ja im Leben bedeutet auch ein Nein. Wir können uns nicht exponentiell dehnen, um den Bedürfnissen anderer gerecht zu werden, seien das auch noch so gute Menschen oder Zwecke. Sonst „platzt“ unser Herz, und unsere Lebensenergie versickert. Ein geplatztes Herz ist zu nichts mehr gut und braucht lange zum Heilen.

8. Den Raum des Friedens ausweiten

Raum zum Leben haben heißt für Neues bereit sein, weil das Alte uns nicht gefangen hält.

Für Erdenpilger ist es ein wichtiges Ziel, den einmaligen Gelegenheiten des Augenblicks mit offenem Herzen und aufbruchbereit mit dem Wanderstab in der Hand zu begegnen. Wir dürfen uns auch ab und zu die Erlaubnis geben, gar nichts zu tun. (Ich weiß, das geht gegen jedes kulturelle Gebot der westlichen Welt!) Sie werden staunen, was Gott mit solchen Augenblicken des „Nichtstuns" in unserer Seele anfangen kann.

Freiheit bedeutet die Abwesenheit von Angst. Der wirklich Freie fürchtet sich vor nichts – am allerwenigsten vor dem Verlust von Besitz. Nach dem Diebstahl seiner Geldbörse schrieb Matthew Henry, ein englischer Theologe des 17. Jahrhunderts, mehrere Gründe zur Dankbarkeit in sein Tagebuch:

- Erstens, dass er nie zuvor bestohlen worden war.
- Zweitens, dass nicht sein Leben, sondern nur sein Geld genommen wurde.
- Drittens: Wenn es auch sein Geld war, so war es nicht viel.
- Viertens, dass er der Bestohlene war und nicht der Dieb.

Wenn wir offen und frei leben, heißt das auch, dass

unsere Hände offen sind. Hände, die sich krampfhaft um Dinge klammern, können nichts Neues entgegennehmen. Sie können auch nichts weitergeben und verschenken.

Das Leben ist nicht kompliziert.
Wir sind kompliziert.
Das Leben ist einfach,
und das Einfache ist das Richtige.

OSCAR WILDE

Zum offenen Leben gehört das ehrliche Leben. Dafür müssen wir lernen, auf konstruktive Art zu streiten und Konflikte auszutragen. Sonst liegen sie uns als Gerümpel im Herzen. Frieden um jeden Preis ist kein echter Frieden. Das lernte ich erst nach vielen Jahren in der eigenen Ehe und Familie. Ich hatte gedacht, dass ich um des Friedens willen die eigene Stimme zurückhalten müsste. Meine Eltern und viele Menschen ihrer Generation hatten uns nicht vorgelebt, wie man auf kreative und positive Weise Konflikte lösen konnte. Konflikte waren „negativ" und wurden nur hinter verschlossenen Türen ausgetragen. Selbstverständlich war das keine gute Vorbereitung für die eigene Ehe.

Irgendwann in den vielen Jahren eines nach außen hin äußerst friedlichen Familienlebens verlor ich mich.

Schließlich kam es zu einem Zusammenbruch. Ich brach aus. Drei Tage lang blieb ich von zu Hause fort, von dem Ort, wo meine eigene Stimme zu ersticken drohte. Doch ich fand die Kraft, zurückzukehren und in ganz kleinen Schritten meine eigene Stimme wiederzufinden.

Im Nachhinein bin ich sehr dankbar, dass meine zwei ältesten Töchter, bevor sie aus dem Haus gingen, noch miterlebt haben, wie die Mutter endlich auch ihre eigenen Wünsche anmeldete. Ich verwandelte mich von einer Schablone in eine Person.

Der Frieden, den Jesus schaffen will, ist nicht immer äußere Harmonie, so schön sie ist. Die Griechen sprachen von „Eirene", einem ausgehandelten Frieden zwischen gleichwertigen Partnern, der für die Demokratie unentbehrlich ist. Die „Pax Romana" hingegen war ein von oben verordneter Frieden. Auch diese Art von Frieden ist heute noch weitverbreitet.

Der „Schalom" der Israeliten überrascht jedoch mit seiner intensiven und tiefergehenden Dynamik. „Schalom" schließt drei Ebenen ein: den Frieden mit Gott, den Frieden mit den Mitmenschen und den Frieden mit mir selbst. Den Schalom kann nur Jesus bringen. Diesen Frieden meint er, wenn er sagt: „Meinen Frieden gebe ich euch; einen Frieden, den euch niemand auf der Welt geben kann. Seid deshalb ohne Sorge und Furcht!" (Johannes 14,27).

Der Schalom-Frieden ist der schwerste Frieden überhaupt, aber es lohnt sich, für ihn zu kämpfen, Konflikte durchzustehen und sogar zu leiden. Je mehr Raum Jesus in unserem Herzen einnimmt, umso mehr werden wir von seinem Kampf um diese neue Art von Frieden mitbekommen. Er hat uns nicht versprochen, dass der Weg einfach sein wird, aber er hat uns versprochen, dass er uns nicht im Stich lässt und uns seinen Frieden schenkt. Ständig redet er uns zu und sagt: „Fürchte dich nicht. Ich bin bei dir."

Für die Aufgabe des Friedensstifters gibt es ein schönes Bild in der jüdischen Tradition: Der Friedensstifter ist wie ein Kochtopf, der die entgegengesetzten Elemente von Feuer und Wasser zur Zusammenarbeit bringen kann. Es ist eine aktive und unbequeme Aufgabe, sich als Kochtopf zwischen Feuer und Wasser zu stellen. In Matthäus 5,9 heißt es: „Glücklich sind, die Frieden stiften, denn Gott wird sie seine Kinder nennen." Da steht nicht: „Glücklich sind, die Frieden *lieben*." Friedens*stifter* zu sein ist aktiv, riskant und unbequem. Es ist eine Berufung für Gottes erwachsene Söhne und Töchter.

Der Schalom-Frieden ist das Gegenteil von Harmonie und Toleranz *um jeden Preis*. Es ist der heiße Frieden des Kochtopfs, der sich in die Konfliktzonen dieser Welt wagt, statt sich nur mit tatenlosen Worten nach Frieden zu sehnen. Jesu Frieden geht viel tiefer als irgendein oberflächliches Harmoniepflaster, das kosmetisch auf eine infizierte Wunde geklebt wird.

Wahrer Friede hängt auch *nicht* von dem ab, was uns zustößt. Wahrer Friede ist *nicht* die Abwesenheit von Konflikt oder Sturm in unserem Leben. Wahrer Friede hat vielmehr damit zu tun, dass wir mit Gott versöhnt sind und dass er Raum in unserem Herzen einnimmt. Darin liegt der Frieden, der jede menschliche Vernunft übersteigt.

Auf stürmischer See schläft Jesus im Boot, während seine Jünger um ihr Leben bangen. Sie wecken ihn und sehen zu, wie Wind und Wellen ihm gehorsam sind. Was sagt er zu ihnen? „Ihr Kleingläubigen!"

Auch mir muss er das oft zurufen: „Du Kleingläubige! Verstehst du denn nicht, dass du nicht untergehst, wenn ich in deinem Boot bin? Deine Seele ist in guten Händen. Hab keine Angst."

Im Berliner Gefängnis Tegel ging von dem Gefangenen Dietrich Bonhoeffer während der heftigen Bombenangriffe der Alliierten im Zweiten Weltkrieg eine eigenartige Ruhe aus. Sogar die Wärter wollten dann in seiner Nähe stehen. Das ist ein beeindruckendes Beispiel für den Frieden, von dem Jesus spricht.

Frieden ist nicht die Abwesenheit von Turbulenz, sondern die Anwesenheit Gottes. Diesen inneren Frieden können wir wahrnehmen und wahren, auch wenn es um uns herum hektisch zugeht. Trennung und Konfrontation, Einsamkeit und Leid werden immer zu unserem Leben gehören. Aber Jesus schenkt einen unerschütterlichen inneren Frieden, den uns niemand entreißen kann.

9. Ankommen und frei sein

Vor Kurzem wünschte mir Bruder Jakobus in der Benediktinerabtei Huysburg eine „gute Ankunft". Seine Worte machten mich nachdenklich. Ja, ich war hier auf diesem abgeschiedenen Klosterberg wie ein Berliner Düsenflugzeug auf dem Mond gelandet. Hier galten andere Regeln. Hier wurde nicht mehr gehupt und laut reklamiert, wenn einem etwas nicht passte. Alles um mich herum wurde ruhig, langsam und still, und alles in mir sollte diesem Beispiel folgen. Das meinte er wohl mit „ankommen".

Meine Seele ist still und ruhig geworden
wie ein kleines Kind bei seiner Mutter;
wie ein kleines Kind, so ist meine Seele in mir.

PSALM 131,2

Auf dem fünfwöchigen Jakobsweg durch Spanien wurde für meinen Mann und mich jeder Morgen zu einem Abschied von dem, was uns vorübergehend vertraut war und zur Rast gedient hatte. Jeder Abend bedeutete erneute Ankunft in einer Herberge, die uns Schutz und Ruhe für die Nacht versprach. Für den Pilger ist jeder Tag ein Sieg. Ich begriff plötzlich eine neue Definition für „zu Hause sein“: „Ein Pilger ist zu Hause, wenn er seine Schuhe ausziehen kann und keinen Schritt weitergehen muss.“ Ankunft bedeutet zu Hause sein.

Eigentlich wollen wir lieber ankommen als den Weg gehen. Aber es ist gerade der Weg, der die Ankunft so schön macht. Je beschwerlicher und abenteuerlicher er ist, umso schöner ist das Ankommen.

Unsere Herkunft liegt in Gott, und unsere Zukunft liegt in ihm. In der Zwischenzeit besteht unser Leben aus vielen kleinen Abschieden und vielen kleinen Ankünften. Es liegt an uns, wie bewusst wir zu ihnen stehen und wie achtsam wir sie erleben.

Seit einiger Zeit habe ich einen großen Abschied, den Tod meiner Mutter, hinter mir. Ich weiß, dass dieser Abschied mich ein Leben lang begleiten wird.

Jeder Mensch bewegt sich zwischen zwei Ewigkeiten: der Geburt und dem Tod, der Ankunft und dem Abschied. Oder ist es aus der Perspektive der Ewigkeit etwa genau umgekehrt? Geschenkt wurde uns jedoch viel Freiraum, wie wir unser Leben zwischen Geburt und Tod gestalten wollen.

Als Pilger auf dem Weg mit Jesus finden wir zu neuem, freiem, unbeschwertem Leben. Das heißt nicht, dass wir weltfremd und leidfrei gehen, sondern dass wir mitten in der Welt trotzdem ganz frei sind. Wir brauchen die Lasten der Alltagssorgen nicht mit uns herumzuschleppen, weil ein liebender Gott sie für uns und mit uns trägt. Es liegt an uns, wenn unsere Herzen immer noch schwer sind.

Neulich las ich, eine Seligsprechung bedeute, dass jemandem das Leben „gelungen“ ist. Natürlich ist ein solches „Gelingen“ etwas ganz anderes als der „Erfolg“, den die Welt einem Leben beimisst. Das Wort „gelungen“ fesselte meine Aufmerksamkeit. Gerne stelle ich mir mein Leben als ein Kunstwerk vor, an dem Gott ständig weiterschafft, solange ich es ihm zur Verfügung stelle. Die Herzensarbeit, von der ich in diesem Buch schreibe, ist nichts anderes als ein Gott-zur-Verfügung-Stellen des kostbaren Herzens, das er uns von Anfang an geschenkt hat. Wenn uns das gelingt, können wir uns wirklich selig nennen.

„Es gibt keine schönere Freude auf Erden als die des Pilgers, der angekommen ist!“ Diejenigen, die am Ende eines langen Pilgerwegs ankommen, erfahren eine euphorische, wunderbare Freiheit. Keinen Schritt mehr brauchen sie weiterzugehen. Nichts hemmt sie. Nichts beschwert sie. Sie haben ihr Ziel erreicht. Sie haben den weiten Weg mit mehr oder weniger vielen Blasen hinter sich gebracht. Das dürfen sie auch in der Gemeinschaft ihrer Mitpilger feiern!

Da stellt sich nur noch ein kleines Problem, das ihnen erst langsam dämmert: Die wahre, authentische Pilgerschaft beginnt, wo der Jakobsweg endet. Nach dem erreichten Ziel Santiago de Compostela muss er oder sie ja wieder nach Hause. Nach dem erreichten Ziel der Diplomarbeit muss ich ja einen Arbeitsplatz finden. Nach dem erreichten Ziel der erträumten Hochzeit muss er ja mit dieser Partnerin leben.

Wird der Pilger, wenn er nach Hause zurückkehrt, immer noch so einfach und unkompliziert leben können wie auf dem Pilgerweg? Wird er umsetzen können, was er gelernt hat? Wird sein materieller Besitz ihn auf seinem weiteren Weg neu belasten? Werden die Leser dieses Buches auch nach dem Lesen etwas vom Entrümpeln des Hauses und des Herzens in die Tat umsetzen können? Werden sie mit ihren Nachbarn oder ihrem Kollegen oder ihrem Ehepartner genauso friedlich zurechtkommen wie mit ihren Mitpilgern? Dabei ist gerade die Gemeinschaft der Mitpilger im Alltag wichtiger als je zuvor. Sie bedeutet Geborgenheit und Orientierung in unserer verwirrenden Welt.

Darin wird sich der Erfolg unserer Pilgerschaft messen: *Wie* wir ankommen! Ob es der Tod eines geliebten Menschen ist oder der Verkauf des Hauses unserer Kindheit oder das Entrümpeln der Garage, gerade erst fängt die authentische neue Pilgerschaft an! Und unser ganzes Leben ist Vorbereitung auf die Ankunft in der zukünftigen Welt.

In der Zwischenzeit dürfen wir jeden Umstand und jeden Zustand aus dem Vertrauen auf Gott heraus annehmen. Wenn wir in persönlicher und vertrauensvoller

Beziehung zu Gott stehen, dann wird das Leben zu einem spannenden Abenteuer, das uns und die Welt verwandelt. Dem weltlichen Besitz wird der richtige Stellenwert geschenkt. Er hilft uns bei unseren Aufgaben, aber er besitzt uns nicht. Er unterstützt unsere irdische Pilgerschaft und hält uns nicht davon ab.

Ein jegliches hat seine Zeit,
und alles Vorhaben unter dem Himmel hat seine Stunde:
... suchen hat seine Zeit und verlieren hat seine Zeit,
behalten hat seine Zeit, wegwerfen hat seine Zeit.

PREDIGER 3,1+6

Die Autorin bittet Sie,
das gelesene Buch entweder
weiterzuschenken,
zu verleihen,
auf einer Parkbank liegen zu lassen
oder wegzuwerfen.

Lassen Sie es nur nicht auf einem Regal Staub sammeln.
Das widerspräche seinem Sinn.